[美] 罗杰·道森（Roger Dawson）◎著
施淑芳◎译

SECRETS OF POWER
PERSUASION FOR
SALESPEOPLE

助你打造千万业绩的
高效说服圣经

绝对成交 2

四川人民出版社

图书在版编目（CIP）数据

绝对成交.2/(美)罗杰·道森著；施淑芳译.—成都：四川人民出版社，2018.12
ISBN 978-7-220-11027-6

Ⅰ.①绝… Ⅱ.①罗…②施… Ⅲ.①商务谈判 Ⅳ.① F715.4

中国版本图书馆 CIP 数据核字 (2018) 第 231978 号

SECRETS OF POWER PERSUASION FOR SALESPEOPLE by Roger Dawson
Copyright © 2003 by Roger Dawson
Simplified Chinese edition Copyright © 2018 by Grand China Publishing House
Original English language edition published by The Career Press, Inc. an imprint of Red Wheel/Weiser, LLC, Newburyport, U.S.A.
All rights reserved.

No part of this book may be reproduced in any form without the written permission of the original copyrights holder.

本书中文简体字版通过 Grand China Publishing House（中资出版社）授权四川人民出版社在中国大陆地区出版并独家发行。未经出版者书面许可，本书的任何部分不得以任何方式抄袭、节录或翻印。

四川省版权局著作权登记［图进］21-2018-627

Juedui Chengjiao 2

绝对成交 2

[美] 罗杰·道森 著
施淑芳 译

执行策划	桂 林 黄 河
责任编辑	吴焕姣 杨雨霏
内文设计	胡小瑜
封面设计	安宁书装
责任校对	袁晓红
特约编辑	闵耀洋
责任印制	胡小瑜
出版发行	四川人民出版社（成都槐树街 2 号）
网　　址	http://www.scpph.com
E-mail	sichuanrmcbs@sina.com
新浪微博	@ 四川人民出版社官博
发行部业务电话	(028) 86259457　85259453
防盗版举报电话	(028) 86259457
印　　刷	深圳市精彩印联合印务有限公司
成品尺寸	787mm×1092mm　1/16
印　　张	16
字　　数	215 千字
版　　次	2018 年 12 月第 1 版
印　　次	2018 年 12 月第 1 次印刷
书　　号	ISBN 978-7-220-11027-6
定　　价	45.00 元

■版权所有·侵权必究

本书若出现印装质量问题，请与我社发行部联系调换
电话：(028) 86259453

名家推荐

武向阳

罗杰·道森中国合作伙伴
畅销书《谈判兵法》《首席谈判官》作者
广东省东方谈判发展研究院院长

罗杰·道森助你绝对成交

在互联网时代,商业竞争渐趋白热化,销售的工作也越来越难。客户获取信息的渠道越来越多,谈判能力急剧增强,这都给销售人员增加了巨大的压力。除非销售人员知道如何谈判,否则企业将蒙受重大损失。

销售业有句俗语:"除非达成交易,否则等于一事无成。"如今,这句话已不足以形容销售业的困境。我们应该说:"除非达成交易并获利,否则等于一事无成。"而《绝对成交2》这本书的主题,就是教导我们如何在达成交易的同时,获取更高的利润。

作为罗杰·道森在中国长达十年之久的合作伙伴,我见证了太多学员因罗杰·道森的授课而让自己成为"谈判高手"或者"销售达人"。而我自己,则在罗杰·道森的影响下,开创了中国式谈判先河,并成立了中国第一家谈判研究机构。

我会把这本书推荐给每一位有志从事销售相关工作的朋友。它能让你充分了解销售这个职业,并且学到销售需要的技巧,沟通能力、心理揣摩和应变能力等。

武向阳

SECRETS
POWER
PERSUASION
SALESPEOPLE

目 录

前 言　绝对成交，从赢得客户认同开始　1

第一部分　销售是一场说服竞赛

说服，是让他人按你的期望行动。在竞争激烈的商业社会，我们无时无刻不在说服他人，或是被人说服。

第1章　高效影响客户　2

第2章　有热情，才能达到顶尖　14

第3章　没有足够信任，客户绝不会下单　20

第4章　激发愧疚，增强交易期望　39

第 5 章　暗示稀有性　54

第 6 章　用时间压力创造竞争感　59

第 7 章　调动客户好奇心　65

第 8 章　用公众符号背书　70

第 9 章　言行一致是吸引客户的关键　76

第 10 章　促使客户承认定位　85

第 11 章　说服一群人　92

第 12 章　把话说到点子上　104

第 13 章　消除客户负面情绪　115

第二部分　精准分析客户

你的客户为何总是举棋不定？他的动机是什么？作决定前，他究竟在想什么？

第 14 章　你了解客户吗　120

第 15 章　识别客户动机　126

第 16 章　客户购买的心理流程　136

第三部分　让客户喜欢和你交易

个人魅力是有效说服的关键。想达成说服，你需要在每位客户面前，成为独具魅力的那个人。

第 17 章　同等条件，为什么选择你　144

第 18 章　让客户知道你很特别　149

第 19 章　客户喜欢幽默　163

第 20 章　不忘记潜在客户的名字　187

第四部分　完全说服

进行说服时，要聚焦于你能为客户提供什么。当你满足客户的需求，他们自会按你的期望行动。

第 21 章　三步说服法　204

第 22 章　应对"不合理"的客户　209

第 23 章　说服沉默的客户　221

第 24 章　从说服者到领导者　232

| 前 言 |

绝对成交，从赢得客户认同开始

如果你读过我的上一本书《绝对成交》（*Secrets of Power Negotiating for Salespeople*），你可能会说："罗杰，你确实很了解如何谈判，但是'谈判'和'说服'有什么不一样？两者的分界点究竟在哪？"其实，"谈判"和"说服"的意思非常接近，很多技巧也可以通用，但本书着重于区分两者的差异。

谈判的目的在于达成价格或某些特定事情上的共识。我们在买汽车时一定会针对价格进行谈判，在工作上也会为了薪水和老板谈判，很显然，谈判经常会涉及金钱。我们也会针对一些不涉及金钱的议题的谈判，例如减少核武器数量，或是在绑架案中释放人质——这些都是针对特定条件，以互相妥协来达成共识。

说服旨在让他人认同你的观点，是让人们信服你的一门艺术。不管你是想成为一个优秀说服者，还是一个高明的谈判专家，都必须具备良好的说服技巧。在本书中，我将向你传授这一艺术。

我们经常需要说服他人。举凡和他人互动，多少会涉及说服。不时就有资深的销售人员跟我说，交易顺利完成的关键，在于面对客户时是否拥有富于弹性的说服技巧。他们在和客户交易时，脑中唯一的信念就是如何说服对方，达成销售。然而，大多数人都不懂得说服的技巧。

如果达成交易的唯一方法就是加速货运时效，你知道如何对运输部门的主管甜言蜜语吗？如果新客户的银行信用不甚稳固，你知道该如何让财务主管心甘情愿和你一起解决问题吗？如果要完成交易的唯一方法是降价，你又该如何让销售经理认同这一点呢？

首先，你必须接受一个观念，那就是虚伪造假不再有效。如果你还怀念过去那些靠欺瞒客户来达成销售的时光，那我真为你感到难过。如今的客户越来越精明，要识破那些伎俩简直是易如反掌。

因此，请你正视这个事实：世界已经改变了，而销售也面临着前所未有的困境。过去你可能认为，一旦没有其他劲敌出现，只要取个响亮的名字，定个诱人的价格，订单就会如雪片般飞来。你可能也以为，只要客户相信我们，销售业绩就可以持续走高——现在，这种现象可能只会出现在诺曼·洛克威尔（Norman Rockwell）①的画作中。很抱歉，诺曼先生！过去那些美好光景已经一去不复返了。现在，我们不可能再依赖一些造假的手段来完成交易了，那些不踏实的方法不再有效。我们必须学习坐下来和客户好好谈生意，说服他们认同我们的观点。

卓越的说服能力是许多技巧的结合，在本书中我将一一介绍这些高效、实用的技巧。

首先，是利用心理压力来影响客户决策。要知道，在生意场上

---

① 美国20世纪知名的画家和插画家。——译者注（下文如无特别说明，均为译者注）

客户总是千方百计找到对付你的方法，一旦我们了解潜藏在客户背后的真实动机，就必须学习如何应对它，并使自己成为一个比客户的说服力更强的人。

你在本书中也将了解热情的重要性，这可不是销售员大集合时所营造的那种虚假激情，而是对产品由衷的热情。我将教你如何向客户展现你的热情；如果你对自己的产品没有感情，我也将教你如何培养必要的热情。

接着，我将谈到建立信任的重要性，这绝对远超你的想象。除非客户认为你是个有信用的人，否则他们很难被你说服。你可能觉得很纳闷，为什么有些人竭尽所能地表现他的诚意，却始终无法获得信任？有些人虽然粗鲁无礼、一副不可靠的样子，却总能顺利说服他人？别担心，我将在本书中教你如何建立信任。

我会教你几个说服他人的终极秘诀。你将会明白，在日常生活中，你如何避免在毫无知觉的情况下被他人说服，并不再轻易被别人所摆布。

我还将教给你独特的语言技巧。你将学到一系列口语沟通上的技巧，使客户认同你的销售观点；同时，你也将学到充分表达心意的说话技巧，并以适当的、让人无法抵挡的谈吐美丽掳获人心。

你还将更加了解人性，让客户甘心受你影响。我相信你一定曾经遇到过那种魅力十足的人，他们在不经意间就能吸引全场的注意。以前，我很忌妒这种人，因为我认为这种魅力与生俱来，他们先天拥有我所缺乏的神奇吸引力。但现在我终于明白，他们并非天赋异禀，只不过比一般人更用心地去学习沟通的技巧。在本书中，我也将教你提升魅力的独特方法，并告诉你什么是成为魅力领袖不可或缺的两项必备能力——记忆力和幽默感。

万一交易不如预想中那么顺利，或是遇到难以说服的人，该怎么办？放心，我将在本书中告诉你如何应对那些难缠的人或事，教你如何摆平生气的人。此外，我也将教你如何应对说服工作中最大的挑战——让始终不愿意开口和你讨论的客户打破沉默。

说服的力量潜力无穷。在我们的日常生活中，无处不在上演着说服的剧情。我将在本书中倾囊相授！只要你跟着我的脚步，当你看完全书，合上它的那一刻，你一定会获得一股无比重要的力量。从今以后，你将和这股力量紧密联系，并且再也不想失去它。

这本书共分为四大部分：

第一部分，你将学到如何进行说服：如何说、如何做。

第二部分，你将学到如何分析客户：如何进入客户的心里，了解促使他们作出决定的关键因素。

第三部分，你将学到如何养成卓越说服者的特性：令人无法抵挡的魅力、风靡全场的幽默感、记住名字和长相的秘诀，以及发挥幽默感来说服客户的简易方法。

第四部分，我将披露一些神奇说服技巧：如何通过4个阶段成功说服他人、如何完成不可能的交易、如何运用说服技巧成为组织中的核心。

我敢保证，读完本书后，所有你想得到的事物、想达到的目标都会离你更近。

第一部分
销售是一场说服竞赛

说服,

是让他人按你的期望行动。

在竞争激烈的商业社会,

我们无时无刻不在说服他人,

或是被人说服。

| 第 1 章 |

高效影响客户

销售就是一场说服竞赛。你想说服客户购买你的产品,客户也想说服你听从他的观点,比如"买不起""不需要"或是"别家更便宜"。你和客户之间,只有一个人可以赢得胜利,最后,你会成为说服者还是被说服者?成功说服客户的关键又在哪里?

你是否认识非常懂得说服他人的人?到底他具有什么独特的说服能力?假设你是一个销售员,身处高度竞争、价格意识(price consciousness)[①]高涨的行业之中,辛苦工作就是希望能开发新客户,填满荷包,但业务的开展始终不顺利。然而,坐在你隔壁的那个同事似乎从未有过这类困扰,开发新客户对他来说似乎易如反掌。每次公司开销售大会,他总是上台领取最多的奖励,得到最多的表扬。更令人不解的是,他付出的努力绝对不及你的一半。到底是什么造就了他的成功呢?

假设你是一个善于发现潜在客户的销售员,和客户的关系也都还不错,但你总是无法在紧要关头让客户在合约上签字,而你的销售经理却可以轻松做到,这让你感到相当苦恼。你是否曾在非常不得已的时候,打电话请销售经理来支援你完成交易?当他一到现场,

---

① 消费者对商品价格高低的感觉程度,直接表现为客户对价格敏感性的强弱。

可能只花了20分钟就搞定了一切。他没有强力推销，也不催促客户下单，甚至他说的许多话你都已经跟客户说过了，但他就是有办法让客户突然说："好！那接下来我们该如何合作呢？下一步该做什么？"这人难道有什么不为人知的绝招？

你若问他们如何办到，他们可能也不知道该如何回答，但是你若将本章摊开给他们看，他们很可能会说："喔！没错，我就是这样做的，但我从没想过这背后还有什么理论或学说。"事实上，在他们的潜意识里，很可能潜藏着以下一些神奇的关键，帮助他们有效影响客户。

销售要追求双赢

第一个神奇的关键浅显易懂，当客户觉得他或他的公司可以从你这里得到好处时，就会很容易被说服。你可以轻易说服一个小孩吃下他最讨厌的青豆或胡萝卜，只要你承诺在他吃完后将给他一个冰激凌。正值青春期的儿子会告诉妈妈："只要你让我再看半小时电视，我保证立刻上床睡觉。"身为销售员的你，也会为了能到加勒比海度假，而更加卖命工作。

你的第一个业务主管可能曾告诉过你："不要一味解释产品特性，而要将产品特性转化成对客户有好处的利益点。你不用告诉客户这部车配有电动窗，因为这只是个特性而已，而客户花钱是要买好处。因此，你应该对客户说，一部配有电动窗的车子，可以让你在酷热的夏天迅速降低车内温度。这才算得上是对利益点的诠释，也是客户为什么要购买的原因。"

超级销售员从不以拿到客户订单为第一目标，而是不断思考着如何实现"双赢"，也就是"如果我可以帮客户解决问题，提供更好的服务，他们才会愿意将订单交给我"。在每个行业的顶尖销售员都

是这样，因为他们能提供客户最佳的服务及好处，客户才会愿意和他们做生意以作为回报。

顶尖的律师懂得如何将自己定位成有价值的知名律师，这样一来，他们就能拥有选择客户的权利。名人或爱出风头的潜在客户偏爱知名律师。他们认为，让知名律师来承办自己的案件，等于是抬高了自己的地位。而知名律师也很乐意为这些名人服务，这在声誉上会形成一种互惠作用。顶尖的外科医师也会过滤和挑选病人，因为他们想要建立超越一般医师的崇高地位与形象，而不平凡的病人可以奠定他们成为名医的基础。

你是否在自己的行业中拥有类似的名声？你是否已在某个领域建立起专家的声誉，让那些想和你做生意的客户蜂拥而来？信心十足地展现出你有回馈客户的能力，是吸引客户的关键所在。

菜鸟销售员认为，客户给自己的唯一好处就是订单。如果你也是这样想，那就说明你可能和潜在客户缺乏沟通。超级销售员会让客户感受到，能和他合作是多么幸运的一件事，因为他不但可以为他们解决问题，还能提供更优质的服务。不过，在展现自己的价值时还是要谨慎一点，过分吹捧容易造成傲慢的感觉。在面对客户时要非常诚恳，由衷地感谢他们愿意和你做生意。

如何让客户觉得和你做生意有好处，并且愿意给你订单？有5个方法供你参考：

1. 销售就是一场数字竞赛，即使你竭尽心力开发新客户，依然会有很高比例的人不断拒绝你。不要认为这些拒绝是在针对你，毕竟客户不可能什么都照单全收。

2. 暂时不要去想你的产品可以为客户带来什么，而要向客户强调你可以为他们做什么。乔·吉拉德（Joe Girard）是吉尼斯世界纪录中全世界最伟大的汽车销售员,他曾经这样说过:"我的客户并不是向我买雪佛兰(Chevrolet),他们真正买的是我的服务。"因此,你需要更加自信地向客户展示你将如何用心、努力为他们提供更好的服务,他们也会更乐于向你下订单。

3. 利用产品的稀有性来说服客户。如果你的产品具备稀有性,你将是天底下最幸运的人(我将在本书第 5 章中更详细地说明这一点)。

4. 让客户明白,不是每个人都可以和你做生意,而是必须符合你的标准才行。试想,你可以随便打个电话给波音公司,说你要买一架喷气式飞机吗?即使你家财万贯,他们也不会轻易卖飞机给你,除非他们调查清楚你为什么想要拥有飞机、谁将驾驶这架飞机,以及使用飞机的目的。

5. 告诉客户他有资格能成为你公司的贵宾客户。你可以跟客户说,你公司将客户分为"银卡""金卡"及"白金卡"3 种等级,越高等级的客户拥有越多特权。有了这类等级区别,客户就会想得到更高等级的待遇,或者反过来说服你破例让他享受更高等级的客户礼遇。

试着在下面的空格里,写下你觉得客户和你做生意可以得到的 3 个独特好处:

1. _____
2. _____
3. _____

希望你写的 3 点中里包含了一点：他们会得到好处，因为他们是和你做生意！这应该成为客户和你交易的首要理由！只有客户相信你可以提供更多、更好的利益时，他们才会与你保持持续的生意往来。

适当运用恐惧，促成购买决定

处罚的力量非常大，因为它可以勾起人类天性中的恐惧。担心失去大客户，你会被客户说服而提供高折扣的优惠。很明显，这是源自恐惧，但潜藏的真正原因是什么呢？你真的很害怕失去这个大客户吗？并不全然。真正影响你行为举止的是大脑里的思想。这时候的你，思维运转得比光还快，在事实还没发生前，一连串悲惨的事情已经在你脑海中上演了。"如果我失去这个客户，一定会被老板开除，如果找不到其他工作，房贷缴不出来，房子就不保了。我将没有钱买东西吃，就要被活活饿死了！"对死亡的恐惧是人类最基本的担忧，毕竟人类只有活着才有意义。因此，为了生存，人们愿意做任何事。

然而，在商场上你不太可能会遭受死亡的威胁，生活中大多数的恐惧往往也没那么严重。然而，恐惧的作用相当微妙。销售员为了做成生意，投注了许多心力，甚至提供了许多好处给潜在客户，但客户却不见得会将生意交给你。想想看，一天之内，全美的销售员为了达成交易所耗费的公关费用可能就高达数百万美元。

基于这些负面的因素，恐惧不是个好的激励，但是也没有人可以否认，恐惧所带来的说服力量相当大。销售员通常都知道该如何陈述产品的特性，以及这些特性投射出的利益点。而对于告诉客户若不买他的产品将会带来不利，销售员往往会感到不太自在。

在下面的空格里，请写下你觉得客户如果不和你做生意时，将会得到的 3 个坏处：

1. _____
2. _____
3. _____

希望你写的 3 点里包含了一点，即他们将会后悔，受到惩罚，因为他们没和你做生意。这一点应该成为客户不和你的竞争对手交易的第一个理由，因为如果他们真的这么做，就会失去你。我要再次强调，你一定要成为能为客户带来价值的销售员，让客户相信，如果失去了你，这将是他们莫大的损失。

奖赏的限度

现在就让我们来看看，说服高手如何运用奖赏及处罚的技巧，形成强大的说服力量。首先，你应该向客户强调产品及服务的利益点，同时也要有技巧地暗示客户，如果他们错失此次机会，可能会遭遇的不利处境。你可以这样说："如果和我们合作，你的成本将会大幅度降低。趁现在你还没被竞争对手超越之前，赶快行动！别再犹豫了。"

在任何涉及说服的情境中，奖励和处罚总会不断出现。假设你在出售生产设备，对客户来说，你所提供的延伸服务也是交易条件的一部分。你得向客户展现你的增值服务，告诉他们，凡是向你购买的设备在使用期限上都比竞争对手要长。不论何时，只要客户有需要，一个电话你就会立即上门服务，而且你还会提供定期维修的服务，以延长机器的使用寿命。另一方面，你可以说，如果他们不和你交易，

平时不重视定期保养，日后将会出现非常严重的后果。要这么说需要勇气，因为你刚说服客户，使他们觉得花费 100 万美元购买你的设备非常值得，但又不得不警告他们，这产品存在损坏的可能。

说服高手知道如何巧妙应用奖赏和处罚的力量，以实现有效说服。他们会暗示对方，如果没有照着他的方式做，将产生不愉快的结果，一旦对方看起来有让步的迹象时，他们会立刻改变策略，用奖赏的力量来展现感激之意，譬如说："真是太棒了！我真的很感激，你真是个大好人。"

我们再来看看，用奖赏和处罚的力量如何影响销售员的态度。菜鸟销售员往往对用奖赏和处罚的影响感到非常苦恼，因为他认为客户同意交易就是一种奖励，拒绝他们就是一种处罚，更糟的是，他们以为客户在嘲弄他的提议。

多年前，我经营着一家大型的不动产中介公司，有段时间员工曾经极度厌恶我所提出的登门拜访计划（就是选择一个特定区域，大约包含 500 户人家，销售员必须定期一一登门拜访，直到该区域的每个人都认识你，知道你是该区不动产中介服务的代表之后，才可以停止拜访）。

我曾深入检视这个问题，最后了解到销售员不愿意去登门拜访，是因为他们不想在自我介绍时，遭到人们的嘲弄或拒绝；而且，分公司经理也没有教他们如何登门拜访，因为就连这些经理级的人也不想去做；甚至区域经理也不曾对分公司经理进行这类培训，因为他们也担心遭到拒绝。

当我了解问题的症结所在后，决定带着 28 个分公司经理和 3 个区域经理去拜访住户，让他们了解我如何进行登门拜访。最后，他们发现这事根本没什么好怕，整个公司开始认真贯彻这一计划，我们的业绩也得以顺利提高。

不止于生意

"联结"是心理学用语,形容当母亲第一次触碰到自己的新生儿时的心理感受。联结是一种不离不弃的关系,如果你可以和客户发展出这种关系,你距离成功的销售员就不远了。

你可以和客户结为一体,只要你摆脱单纯的生意往来,以私人角度去建立友谊。关于这个方法,我有几个建议。

第一,将对话的主题从生意转到私人生活,话题瞄准对方的兴趣、假期或家庭。有一个帮我筹办演讲的员工曾经告诉我:"如果可以和企划活动的人见面,聊聊他的家庭或兴趣,我就有把握完成这个交易。"你必须不露痕迹地使用这个方法,并且小心地察言观色。如果对方对于私人生活的议题感到不自在,很可能会认为你没礼貌,或是在浪费他的时间。

因此,你可以先从一些无关紧要的话题下手,测试一下他的反应再决定是否延伸话题。你可以说:"那是你打高尔夫球赢得的奖杯吗?"如果对方说:"没错,但那已经是很久以前的事了。"那说明他对该话题毫无兴趣,你就要懂得悬崖勒马,尽快停止这个话题。如果他将奖杯拿下来给你看,并告诉你他如何赢得这座奖杯,你就可以和他继续这段私人对话。

第二,卖东西给朋友比卖给陌生人来得容易,不是吗?有个超级销售员告诉我:"我只卖东西给朋友,从不卖给陌生人。"我问他,这难道不会限制他的潜在客户名单吗?结果他回答我:"不会,因为只要我遇到一个陌生人,就会想办法把他变成我的朋友,然后才将东西卖给他。"这么简单的道理你懂吗?

第三,试着让会谈地点远离办公室,就像我在《绝对成交》中所说的,在办公室以外的地点,人们比较容易释放信息。如果你可

以邀请客户一起用餐,或一起打高尔夫球,将更容易和他建立情感联结。甚至只要和他到办公室附近的咖啡店或对街的麦当劳小小闲聊一下,他都会比较容易放下防范之心,向你透漏一些信息,并和你建立特殊的联结。

第四,让客户知道你能够和他们"感同身受"。就像美国前总统比尔·克林顿(Bill Clinton),只要你和他四目相对,就能感觉到他对你的关心,这正是其魅力所在。你可以用这种方式回应客户,而不只是单纯在意他所说的话(在本书第18章将有更详细的说明)。如果客户说:"上次我们就这样做,结果被告了。"你可以针对他的情绪,而不是他所陈述的那句话回应,像是:"那一定让你感到非常失望。"

第五,让客户知道你喜欢他。其实这一点对我来说,曾经相当难以克服。我自幼接受英式教育,在成长过程中从未学习过如何表示喜欢他人,直到我参加了一个高尔夫球俱乐部。刚开始,我觉得那里的会员都很冷漠,后来才发现那是因为我对他们也不怎么亲切。渐渐地,我开始试着表达自己的喜欢。一开始,我会在果岭上或休息区对一起打球的同伴说:"和你一起打球真是种享受!哪天我们还可以一起打球吗?"过了一两个星期之后,我感觉自己置身于全美最有亲和力的高尔夫球俱乐部中。现在就告诉你的客户你非常喜欢他,你可以试着说:"你是我遇见过最有责任心的人"或"我一直期待能和你会面,你真是个非常风趣的人",或是"你知道我为什么这么喜欢你吗?因为你看起来真的很喜欢自己正在做的事"。

罗斯·佩罗(Ross Perot)是得克萨斯州的一位亿万富翁,亲手创建了电子数据系统公司(EDS)。他非常擅长和员工建立合为一体的关系,总是非常关心、爱护员工,而员工也都竭尽心力效忠于他。在伊朗首任最高领袖阿亚图拉·霍梅尼(Ayatotollah Khomeini)发动革命时，佩罗有一些员工在伊朗受困，他竟然冒着生命危险亲自前往伊朗，并将员工带离战区。后来，当通用汽车（General Motors）买下 EDS 公司之后，罗斯·佩罗不再掌权，这家公司的辉煌气势亦不复存在。

我们和他人建立情感，是因为不愿当一个隐士。在人际交往中，我们获得享受与满足，这也是我们和他人维系关系的动力。

像专家一样谈论产品

另一个至为重要的影响因素是"专业"。如果你可以让客户相信，在特定事物上，你比他们懂得更多，就可以发挥强大的影响力。

还记得你刚踏入这个行业时的模样吗？你不断学习该行业的专业知识，但是对于所知道的知识仍不具备充足的信心，还记得你遇上一个懂得更多的客户时，心里的慌张和压力吗？

医生和律师会借助常人无法理解的专业语言，来体现他们的专业能力。你是否曾注意过，当医生在开诊断处方时，总是用拉丁文书写？当他们写"post cibum"，其实就是"饭后服用"的意思，但他们偏偏就不用普通人看得懂的语言来写，因为他们要展现出超越普通人的专业知识，才会容易让人信服。律师也是这样，他们使用着常人很难理解的专业语言。

然而，专业的力量并不容易取得，你必须花一段时间认真学习行业里所有相关的知识，但这种付出绝对值得。举例来说，如果你卖的是工业用空调系统，如果你具备足够的专业知识，就可以沉着地面对客户，并告诉他："你们工厂的室温太高，员工实在难以有效率地工作，机器也很容易出故障。对于这个问题，有两种解决方法：可以买一套空调系统，或是在室温超过 30 度时关门休息。"

依照承诺行事

你觉得最有影响力的因素是哪一个？金钱的奖励？是联结？还是恐惧？其实都不是。最有影响力的关键因素，可能是你从来没想过的一点——一致性。如果你能成功展现出始终如一的准则和要求，并且从未违反这标准，这种言行一致的形象将带给你惊人的效果。我将在第9章详细叙述这一点，但是在此我想先告诉你，为什么一致性远比其他因素更重要。奖赏和处罚这两种方式比较激烈，它的效果立竿见影，却无法持续，因为总会发生事与愿违的状况。

父母经常通过奖赏说服小孩去做某件事，结果你会发现多数小孩很快就学会了这套模式，之后不管做什么事情都会要求奖励，否则就不愿服从。

你可以提出巨额奖金来激励销售员冲刺业绩，在刚开始，这一定可以取得很大效果。为了得到奖金，每个人都会努力工作。但是年复一年，奖金的魅力会逐渐失去光彩。

你也可以利用处罚的方式来激励某些人，例如威胁销售员要炒他鱿鱼。然而若你经常使用，就会发生你不想看到的状况——他们一定会找到逃避压力的方式，或者干脆不予理会。

然而，一致性的力量可以不断滋生延长，你若展现出始终如一的态度，人们会更加信任你，而从信任之中，可以衍生出巨大的说服力量（本书其他章节将会对信任的作用有更完整的叙述）。

1. 不要一味解释产品特性,而要将产品特性转化成对客户有好处的利益点。

2. 恐惧不是个好的激励,但是也没有人可以否认,恐惧所带来的说服力量相当大。

3. 你应该向客户强调产品及服务的利益点,同时也要有技巧地暗示客户,如果他们错失此次机会,可能会遭遇的不利处境。

4. 你可以和客户结为一体,只要你摆脱单纯的生意往来,以私人角度去建立友谊。

5. 如果你可以让客户相信,在特定事物上,你比他们懂得更多,就可以发挥强大的影响力。

6. 你若展现出始终如一的态度,人们会更加信任你,而从信任之中,可以衍生出巨大的说服力量。

| 第 2 章 |

有热情，才能达到顶尖

坦白地说，我本来没有想过要在本书谈及"热情"这个概念。建议人们对自己的产品保持热情，这听起来实在有点老套! 想必各位读者对于我在这里所要阐述的"热情"，一定期待有更精辟的诠释吧?

我如此安排，是基于充分的理由。我访问的每家公司前 10 名的顶尖销售员，他们都有一个共通的特性，那就是销售的热情。你如果无法真心相信你的产品的价值，就不能热情地将产品的优点传递给客户，那么你永远也无法成为顶尖的超级销售员。

相信你的产品

先让我解释一下什么是热情。我所提到的热情，并不是一大群人在摇滚演唱会时的那种奔放情绪，也不是销售大会里慷慨激昂的气氛。那种大家一起又唱又跳的兴奋，往往很短暂。真正的热情是全心全意，对你所销售产品的真诚信念，无论是何种挫折，都无法熄灭这种热情。

激发热情唯一要做的一件事，就是相信你的产品，以及你服务消费者的能力。如果你真心相信自己的产品，就不需要靠表面的兴奋来激励自己，你会坐在电话前说："我真等不及要打电话给别人，告诉他们这个产品有多好。"

如果你对自己销售的商品没有热情怎么办？该怎么做才能点燃热情？

来自客户的回应

很多销售员在卖出东西之后，不希望从客户那里听到什么回应，因为这些销售员深信"没有消息就是好消息"。他们心中总是想着："如果客户打电话来，肯定是来抱怨的，这会浪费我很多时间。"

很显然，这类销售员缺乏热情，如果他们充分相信自己的产品，一定会对客户的抱怨感到十分惊讶。事实上，如果能从客户那里得到更多回应，无论好坏，你都能够更加了解所从事的行业、产品及客户，同时也可以激发你对产品的热情。

为了提高回应客户的质量，你可以在心中默念这句话："我不会给客户太多承诺，但会给他们提供最好的回馈。"如果你在即将成交之际，凭空夸大产品的好处或价值，可能会让客户产生过高的期待。一旦产品没有办法达到预期，客户势必对产品感到失望，并对你感到不信任。

引入第三者故事

如果你是销售旅游行程的销售员，自己却对此毫无兴致时，你还是可以满怀热情地说："我有一对客户是夫妻，他们在夏威夷玩得非常尽兴，回来打电话告诉我那是他们一生最快乐的日子。"如果你是汽车销售员，但你对吉普车一点兴趣也没有，你还是可以很热情地说："有个客人上个月向我买了一辆吉普车，他说这是他拥有过的最棒的车子，还把开车到各地游玩的照片通过电子邮件发我看呢！"

学习戏剧技巧

戏剧是一种呈现真实的艺术。我有个朋友叫戈登·戴维森（Gordon Davidson），他是一位剧团的负责人，相当有天分。有一天他告诉我导演如何让观众信以为真的技巧。他说："观众明明知道自己是和其他500多个人一起，在剧院里观赏《窈窕淑女》（My Fair Lady）这出戏，但导演就是有办法让观众想象他们和女主角一样身处伦敦的花市。"

一个优秀的销售员知道如何左右客户的信念。度假小屋的销售员虽然是在偏僻的小城和客户谈生意，却有办法让客户感觉正置身于夏威夷的海滩。你要学习如何让人们做梦、幻想，让他们想象指尖的沙子是多么柔细温暖，微风如何吹拂着他们的脸庞与发梢。在人寿保险业，这就叫作"让他们仿佛看到灵车，并且闻到花香"。

进行模拟演练

我有个朋友在军队从事咨询顾问的工作，他告诉我，美国军队在战场上如此有效率，是因为平时他们在电脑里就不断模拟真实的杀戮战场。在军人还没到战区前，战争早已在电脑里模拟过不下千百次，对战场所有可能发生的情境已经有了心理准备，并练习该如何回应抵抗。你可以通过模拟来提高销售商品的热情指数，你可以对着你的配偶、小孩、朋友，或是其他愿意聆听的人来进行演练，鼓励他们提出问题。如果有人说："怎么可能？少骗我了！"你要坚定地说："不！当然不是。世界上再也没有其他公司可以提供比我们更好的产品了。"

角色扮演

如果你是部门主管，想要激励部门成员保持热情，可以试试举行角色扮演的活动。让每个人都在大家面前进行销售提案,其余人则针对他展现的热情给予评分。如果你还不是主管,也可以读读拿破仑·希尔的经典名著《思考致富》(Think and Grow Rich),试着发展属于自己的团队。希尔在书中提及,成功的关键是和一群拥有共识、相似价值观及共同目标的人一起努力。成员的相互合作可以缔造强有力的影响力,进而驱动整个公司和组织。

持续保持热情

彼得·希尔德(Peter Shield)是我见过的人中,对工作最热情的人。我第一次遇到彼得是在澳大利亚的布里斯班,当时他在由我主讲的"谈判能力研讨会"上担任主持人。15年后,彼得从澳大利亚移民到拉斯维加斯,开创了他的分时共享度假别墅的租售事业。他非常热爱这份工作。

在吃饭、睡觉甚至是呼吸时,他都会想到他的旅游事业。现在,他的分时共享度假别墅事业已经拓展为全球范围了(即便你想到中国度假,并希望拥有自己的度假别墅,他也可以立刻为你服务)。

多年来,我一直试图瓦解他对分时共享度假别墅事业的热情,却始终无法得逞。事实上,他每次交易所经历的讨价还价过程,都可荣登世界之最,其交易过程之复杂令人难以想象。我曾恳切地对他说:"彼得,如果我想去度假,网上有成千上万的行程安排等着我挑选,你倒是说说看,为什么我要向你租用分时共享度假别墅呢?"

他回答:"罗杰,看在我们是15年老朋友的分上,今天我就老实说吧!你永远也买不到比我更便宜的度假别墅,撇开这个不说,你在别的地方也买不到我的服务!我所经手的每次交易,绝对是服务到家,这你可在网上买不到。"

他的这番话提醒了我持续保持热情的绝招是什么。即便他最要好的朋友，比如说我，一生也不向他买东西，即便被太太、孩子泼冷水，他也不为所动，始终保持着对产品的信念——更别说是完全陌生的客户了。从彼得身上我们学习到，永远不要放弃你对自家产品及服务的信念。即便在清晨，全世界还笼罩在一片寂静之中，而你独自清醒地躺在床上想着业务时，也绝对不可以放弃你的信念。彼得·希尔德就是凭着这一股对产品的坚持与热情，才造就了今日令人刮目相看的成绩。

人们是否会被你说服，很多时候取决于你对产品表现得有多热情。我并不是吉米·史华格（Jimmy Swaggart）[①]的信徒，但我不得不承认，他深知如何展现热情。在他的布道大会上，当他的前额滴下汗珠时，仿佛释放出了他的灵魂，告诉世人他对信仰的热情。各位读者，如果你也可以做到这一点，客户们肯定会挤破了头想要和你做生意。

[①] 美国著名的电视布道家。

第一部分　销售是一场说服竞赛

1. 激发热情唯一要做的一件事，就是相信你的产品，以及你服务消费者的能力。

2. 如果能从客户那里得到更多回应，无论好坏，你都将更加了解所从事的行业、产品及客户，同时也可以激发你对产品的热情。

3. 不给客户太多的承诺，但给他们提供最好的回馈。

4. 你可以通过模拟来提高销售商品的热情指数，你可以对着你的配偶、小孩、朋友，或是其他愿意聆听的人来进行演练，鼓励他们提出问题。

5. 人们是否会被你说服，很多时候取决于你对产品表现得有多热情。

| 第 3 章 |

没有足够信任，客户绝不会下单

毫无疑问，信任是建构说服能力的基石。当你说话时，他们相信你吗？如果他们不相信你，那你根本不可能说服他们，让他们按照你的意愿去做。

人们或许愿意听你说话，却不一定愿意付诸行动，除非你能让他们相信你。请容许我再次强调，除非他们相信你，否则不会有所行动。如果你想要拿到订单，必须时时想着："他们相信我吗？"倘若你没有建立足够的信任，客户绝不会下订单。

了解"信任"和"信赖"之间的差异，非常重要。"信任"来自于理智分析，"信赖"却是出自内心的感性情绪（在本书第 9 章中，我将教你如何通过言行一致建立信赖）。在本章我要教你的是：如何让客户在理智层面相信你。

客户可能相信你，却无法信赖你。想象你是一位受人尊敬且小有名气的登山家，正在秘鲁的一座山上从事登山活动。忽然，你一不小心，失足掉落到冰隙中，幸好你的伙伴及时用冰斧凿向冰块，并且立刻用绳子固定住，你们俩才没有继续往下坠落。你就这样被吊在半空中，他对你喊着："不要担心！这个绳子由我经销，它非常坚韧，绝不会断掉！"你也许百分之百相信他，这就是所谓的信任。

可是如果冰斧开始松动，不仅你可能会继续掉下去，你的伙伴势必也会被拖下悬崖。这时，他会不会为了自保而将绳索砍断？在这一瞬间，你相信他吗？

信任偏理智，信赖偏感性。你必须了解如何建立信任与信赖，在这里，我们先将焦点集中在建立信任之上。

早在公元前330年，针对说服所包括的3个部分，希腊哲学家亚里士多德（Aristotle）做了详尽的区分。为什么他所说的哲理至今仍然是西方思潮的主要基础呢？如果亚里士多德还活着，问他有关21世纪的销售技巧，他会怎么回答？我想他可能会说：

> 我认为一个销售员要有说服力，一定得具备3个条件。首先，他必须在客户心中建立起"信任"，也就是我在古希腊时代所称的"特性"（ethos）；其次，他必须知道如何表现对自己产品的感觉，也就是所谓的"动情力"（pathos），即感性的吸引力；最后，他必须知道如何诠释产品的利益点，我称之为"理性"（logos），也就是所谓的逻辑。你如果无法条理分明、有逻辑地陈述产品的利益点，客户就会想："我不需要这个东西。"
>
> 这3个条件的重要顺序依次为：特性、动情力和理性，也就是信任、感性吸引力，以及逻辑的吸引力。我将信任放在第一位，信任是说服力的基础，没有它就不会有任何结果产生。那么，如何建立信任呢？相信在现代社会中，一定有很多我想不到的新奇方法，但在这里我要告诉你，2300年前我就想出了一个好方法：你必须对你的产品足够了解，才会被信任。你必须看起来品格端正，像是个说话诚恳的人，而且必须努力从客户的角度，而非从自己的角度来考虑交易。

简言之,这里指出了成功的信任所包含的 3 个方面:

1. 特性:你能否获得听者的信任?亚里士多德进一步将特性细分为 3 个组成因素:
    A. 拥有丰富的知识。
    B. 能呈现出良好的特性,并且像是一个说真话的人。
    C. 努力了解客户的处境,以及对客户而言有益的事物。
2. 动情力:感性的吸引力可以建立信赖。
3. 理性:可观陈述产品利益点,呈现出逻辑的吸引力。

只要利用一些简单的技巧就可以建立信任。

千万别假设客户相信你

当一个人遭到质疑时,往往会勃然大怒,这是人之常情。俱乐部的服务员要求我们出示会员卡,或是银行要求我们提出财力证明,都不怎么令人愉快。因此,当我们在说服别人时,自然也都不愿承认对方其实心里想着:"你证明给我看啊!"

假如你是销售员,你可以说出一连串产品诱人的利益点,告诉客户如果和你做生意,他就可以得到多少好处。别担心,稍微夸大无伤大雅。如果你销售复印机,可以说这台复印机是全世界最好的产品,即便你心知它并不是,也不会因为这么说而招惹什么麻烦。只要小心一些较特殊的情况,就不必担心触犯法律。但是如果你没有建立起信任,你说的任何话都不值分文,也不会发挥什么效用。

当人们表示不信任时,不要因此而生气,因为这是人的天性。在我们生活的环境里,每天都有数不清的广告充斥其中,人们当然不可能全部相信。在现今世界中，如果只看事物的表面，只会带来不幸的结局。这个现象不是现在才有，《独立宣言》(Declaration of Independence) 首次出现在报纸上时，跟其他 10 则广告挤在一起，而且同时还有其他 29 份报纸发行，竞争相当激烈。

说服高手心知，在向客户提案时，必须建立信任。所以，千万别假设客户相信你。

不要超出客户认知

当我儿子约翰（John）还在加利福尼亚州阿瑟顿（Atherton）的曼隆学院（Menlo College）念书时，我曾经去学校看他，当时他刚考完期末考试。我们走在校园时，遇到他的一个同学，他问我儿子："嘿！你的期末考试考得如何？"约翰回答："我想，拿个 A 应该不是问题吧。"那个同学说："那真是太好了！"并和我儿子高兴地击掌。没多久，又遇到另一个同学，他也问了约翰考试的状况，但这次约翰竟然回答："我觉得考题很难，也许勉强可以拿到 B 吧。"

这让我感到大惑不解，于是就问："这到底是怎么一回事？为什么你充满信心地告诉第一个同学你可以拿到 A，却告诉第二个同学只能拿到 B？"

他回答："我们遇到的第一个同学是学校里人尽皆知的优等生，他会相信我能拿到高分；但是第二个人绝对不会，因为他是个从来不念书，成绩总在及格边缘徘徊的学生。你不知道吗？永远不要告诉别人超出他们认知的事。"原来是这么一回事，没想到我儿子也挺懂得说服的技巧！

就算有 1000 个心理学家投入大量经费来研究，我也不相信他们得到的结果比上面那段话更真切。即使你对客户所陈述的都是事实，

但若你说的内容已经超出了他们的相信程度，你说服他们的几率将大打折扣。

多年前，我在一家大型百货公司担任销售经理。那时我们经常举办促销活动，只要打出促销广告，我们的业绩就会上涨；但是当没有促销活动时，我们的业绩就会迅速下跌。因此，我们决定在每星期的周一、周二和周日举办促销活动，而在周四、周五和周六再做一波促销。

这个方法乍看之下还不错，但问题是，我们怎么可能一年四季都举办折扣促销，更何况一个星期之内就有两次？没多久，客户就对我们失去信任了。当售货员对他们说："现在买最划算，因为今天有折扣价喔！"客户却回答："没错，可是你们下个星期又会有新的促销！"

上面这段描述或许会让你想到西尔斯百货。它当初也犯了相同的错误，幸而最后成功转型为一家全年提供低价商品的大卖场。现在也有很多零售商采取类似的低价策略，像是沃尔玛、家乐福等。

"千万不要告诉别人超出他们认知的事"，这个道理也可以应用在如何把恐惧当作一种激励手段。我是一个专职的演说家，因此，我实在搞不懂，为什么有那么多人害怕上台说话，好像公开说些话会要他们的命一样。对我来说，这根本不合常理，照理说，死亡应该是比公开讲话更令人恐惧的事，不是吗？

这显然不是什么好事。世界上只有极少数的人，可以在生命尚未结束前就能预知死亡。因此，恐惧并不是很好的说服工具，严重的威胁并不比轻微的威胁更有效。很多研究指出，相对于严重的威胁来说，人们比较容易被轻微的威胁说服。研究者了解到，恐惧可以成为有力的说服助力，但只要轻轻点出人们真实感到威胁之处即可，用不着以可怕的后果恫吓。

如果你言过其实，人们就会开始怀疑其可信度，这时，恐惧的说服效果就会大打折扣。因此，建立信任的基本准则就是：不要超出客户的认知。

坦陈事实，帮客户权衡利弊

有一些广告成功，是因为它们说了真话。还记得大众汽车（Volkswagen）多年来外形始终不变的那款甲壳虫汽车吗？说实话，该车堪称世界上最丑的一部车。甲壳虫汽车要上市时，当时的营销人员根本找不到任何可以施力的卖点，因为它真的一点特色也没有。直到后来，它才在功能上有了一点突破——它有一个特殊的油缸装置，当油缸没有油的时候，可以转换到另一个预备的小油箱，里面的油足够让车主开到下一个加油站。

当年，恒美广告公司（DDB Worldwide）[①]拿下大众这个案子时，一定感到十分折磨——他们该如何向消费者介绍这款甲壳虫汽车？这款汽车只有两个特色，一是省油，二是品质值得信赖。然而，这两个特点大家早就知道了，他们还可以找出什么新鲜创意来宣传这部车呢？后来，一个惊人的灵感闪过：他们决定告诉消费者事实！

我可以想象得到，全美国的广告人听到这个策略时，一定都跌破了眼镜，并且会说："他们在搞什么鬼！？"结果，大众推出的广告语上写着："这辆车很丑，看起来简直像只甲壳虫。""这辆车跑得慢，幸运的是你绝不会收到超速罚单。"没想到，这一系列说实话的广告造成的反响相当大，人们爱死它了！该车的销售业绩一路攀升。事实证明，简单、纯粹的事实能够产生惊人的效力。

恒美广告公司继续将这个简单的原则应用发挥在安飞士（Avis）[②]的广告上。全世界的企业都绞尽脑汁，想要找出优势，争夺最好、最

[①] 1949 年成立于美国纽约，是一家具有近 70 年历史的世界顶级 4A 广告公司。
[②] 国际著名跨国汽车租赁公司，拥有 60 多年历史。

大的市场地位，但安飞士的广告却非常自豪地说："在租车行业，我们是老二！"紧接着，在这个醒目标题之后写着："所以我们更认真。"这个广告在安飞士及市场中位居龙头地位的赫兹租车（Hertz）的员工之间，产生了非常有趣的效应。根据一份调查结果显示，安飞士的员工变得更认真，而赫兹的员工却从未认真看待此事，甚至对安飞士的屈居下位感到同情。

大众和安飞士的广告可说是美国广告史上的革命，它们产生惊人的效应与冲击，麦迪逊大道（Madison Avenue）[①]的每个广告人都在热烈讨论："为什么我们不试着说出实话呢？"过去，从来没有人敢光明正大地指出产品的缺点，也没有人愿意花上千万资金来让大众知道他的竞争对手其实更好。

多年前，金边臣（Benson & Hedges）广告公司为一个新上市的加长型香烟品牌策划出一系列广告，广告中直截了当地说："这就是我们的缺点！"玛丽·韦尔斯（Mary Wells）是这家广告公司的一员，负责这整个策划案。虽然在广告中她没有直接说"香烟这玩意儿会要了你的命"，却呈现了抽加长香烟可能出现的种种不利情境。例如，在电梯里抽烟时，加长香烟不但容易碰到电梯门，也容易烫伤别人。

这种直接点明缺点的广告触及了人们被说服的关键地带：如果你对缺点足够坦白，人们很容易相信你所说的其他事实。

研究结果显示，在说服别人时应该陈述反面论点的3个关键原因：

1. 这会让客户认为你比较客观。
2. 对客户来说这是一种恭维，因为这表示你认为他们够聪明，足以分辨缺点，这样他们更容易被你说服。
3. 为你所说的其他话建立起信任。

[①] 美国知名广告公司聚集之地。

使用精确数字

人们相信精确的数字，胜于笼统的数字。早在几十年前，象牙香皂的宣传上一直强调"99.44％的纯净"。很明显，就算广告中说我们的象牙香皂是100％的纯净，消费者也不会去挑战它的说辞，但是在潜意识中却认为精确的数字更值得相信，因为他们会假设，"99.44％的纯净"的结论，是一大群专业人员仔细分析后得出的结果，不是99.3％，也不是99.5％。

同样，你或许也曾感到疑惑，为什么雀巢咖啡要说他们的低咖啡因产品"99.7％不含咖啡因"？直接说"完全不含咖啡因"不可以吗？这是因为雀巢相信精确的数字比笼统的数字更有说服力。

我们可以利用人们相信精确数字这个共通现象，来尝试说服。假设你要购买一块土地，卖家开出20万美元的价格，虽然你觉得还算合理，但是不如说："针对那块土地，我们已经做了完整的调查，最终认定它真正的价格应为19.87万美元。"

过去的研究也指出，当你使用这个方法时，卖方会比较愿意针对你的价格作出回应。一般而言，在一番讨价还价之后，会比你一开始就报价20万美元要更容易达成交易。我们难以确知真正精确的数字是多少，但一个看似精确的数字的确比整数更容易令人信服。

我曾经买过一块位于华盛顿州的土地，卖方开出的价格为18.5万美元，但是我告诉房地产中介玛吉·瓦恩布雷纳（Marge Winebrenner），我对那块土地估价是11.505万美元。她问我："罗杰，这个50美元怎么来的？为什么会有这个零头？"

我回答："玛吉，我做房地产生意这么多年了，自有一套计算价格的公式。这个价格是通过这个公式精确计算得到的。"但事实上应该说，我相当了解被说服者比较不容易对精确数字提出异议。最后，

玛吉如我所愿地向卖方提出这个价格,而卖方也欣然接受了。

因此,要建立信任,请多利用精确数字的力量——越奇怪的数字越好。假如你负责销售文字处理软件,可以宣称你的软件可以增加行政助理87%的办公速度。这样的说服效果绝对比"快一倍"更有说服力。

主动告知佣金策略

我最喜欢的一家家具店在同一个地点营业70年后,终于停业了。它地处东洛杉矶的墨西哥行政区中心,在那里,几乎每天都有帮派火并、歹徒开车沿途扫射的恐怖事件时有发生。这家店可说是处于一个恐怖地段,但自20世纪20年代起,它就在那里落地生根。刚开始的时候,它是一家家具厂,内部看起来像一间又老又旧的谷仓。你一定很纳闷,为什么我会对这家店情有独钟呢?

很重要的一点是,那家家具店的销售员不抽取佣金。因此,我觉得他们的建议比较值得信任,毕竟他们无法从我的交易中得到什么好处。

这不是很奇怪吗?按理来说,应该是这样:"抽取佣金的销售员可以赚比较多的钱,他们得到较高的收入,服务水准也会相对提高,因为他们懂得比较多,建议也比较值得信赖。"

然而,身为一个说服高手,我们必须想到,客户可能会这样想:"你这样卖力推销,还不是因为可以抽取佣金。"他会不自觉地认定你只是为了佣金或其他好处而努力说服他。因此,请记住一点:如果你没有抽取佣金,一定要让客户知道。千万不要忽略这一点,找一个适当时机和客户聊聊这个话题。

当我在从事生平第一份销售工作时,就用过这个方式。当年我只有 18 岁，在南英格兰卖电视机及厨房设备。我们公司的佣金制度和其他公司不同，每个月底拿到的红利奖金，是以所有销售员共同的业绩来计算，不像其他公司的销售员是以自己的业绩来赚取佣金。

我喜欢我们公司的做法，这种制度使我们乐于去服务其他销售员的客户。当其他同事有问题或困扰时，大家也都乐于提供协助。因为公司依靠整体业绩来分发奖金，大家也会比较积极地开发新业务，所有公司同人合作创造业绩，而非互相竞争。由于公司采取奖金制而非佣金制，所以我们可以大声地告诉客户："我们没有从这笔交易中抽取佣金，因此，我们是全心针对你的需求，帮你找到适合的家具。"

现在，有很多销售科技产品的公司也开始注意到，团队奖金制比个人佣金制更合适。关于这个现象，我认为有以下几个可能：

1. 这些公司属于高度竞争的新兴行业，所以没有太多传统销售员，紧守着一些老掉牙的销售策略；
2. 销售高科技产品销售员素质通常还不错；
3. 高科技产品讲求和客户建立长期关系，在销售时会以客户需求为基础。

我曾去过许多科技公司演讲，大部分公司给销售员的奖赏制度都是以团队绩效来评估的。然而，我怀疑是否所有销售员都让客户清楚知道了，他们并没有抽取佣金。他们应该这么做，因为这有助于建立信任。

因此，不要假设客户应该知道你没拿佣金，如果确实没拿，你要让客户知道。对你而言理所当然的事，对客户来说可能很新奇，所以，最好的方法就是直接说出来。

不过，如果你的公司采取佣金制，你要将所能得到的利益低调地带过,避免客户认为你只是为了自己的业绩及佣金而努力说服他们。

卖办公家具的销售员会说:"我希望你多花1万美元来购买最顶尖、最流行的设备,因为这个款式最适合你。我们公司在业界已经有28年的历史了,一年的业绩超过1亿美元,我不可能只为了卖你一组办公设备,而冒着危害公司声誉的风险。我绝对有信心,只要买了这一组设备,以后你一定会忍不住向我道谢。"

谈判高手协会(Power Negotiating Institute)经常帮我接洽演讲,我总是告诉协会里的秘书,不要显得太在意这个演讲机会,并且说:"请你了解,道森先生实在非常忙碌,他所拒绝的演讲场次远多于他可以负荷的数量。但是很幸运,你预约的这一天他刚好有空。当然,如果这一天他不去贵单位演讲,也有其他行程。但他前阵子才提过,对于要到你们那里演讲感到非常兴奋,他觉得可以让贵公司有更大的成长。"

就是这样,我让安排演讲的人员了解到,演讲对我或我们组织来说,并不会带来什么特别的收益,同时也让他们知道,我们对于所有演讲邀约都感到非常兴奋。这种态度有时会打消对方所有要求降价的念头。

当汽车销售员建议你购买比较便宜的车型时,意味着他将你的兴趣及需求放在自己的意图之上。当你买便宜的车型时,他的佣金会比较少。然而,这可能不是事实,低价车型也许另有玄机。例如,公司为了促销这款车,特别给予销售员更高比例的佣金。因此,对销售员而言,卖低价车型所得的佣金也许比高价的车型还高。

有太多研究表明,当别人认为你是别有所图时,你的说服力将大大降低。你会认为一个罪犯会比检察官更具说服力吗?一项由瓦斯特、亚罗森及亚伯拉罕(Walster, Aronson & Abrahams)主持的研究显示,当罪犯和检察官对同一群人说话,主题都是关于"检察官是否应该拥有更多权力"时，罪犯比检察官更能说服听众。人们认为，对罪犯而言，他所说的意见和自身利益相互违背，而且他显然不会从中获得什么好处。

这几个学者接着又做了一个实验，这次他们让罪犯和检察官发表关于"是否应该减少检察官权力"的意见。显然，这一次检察官显然比罪犯更具说服力。

这就是关键所在：如果要别人相信你，就要让他们知道你不会从中获得什么好处。

事实上，还有一个方法可以减少因个人有所得而损害可信度的情况，这也是我个人很喜欢的一种方式：大方地说出自己想要得到什么。

假设你是一个商用不动产业务的中介商，你的客户正在考虑是否要投资一栋新的办公大楼，你可以告诉他："坦白告诉你，我可以从中抽取佣金，如果你不投资这栋大楼，我将会失去一个赚钱的机会。然而，更大的问题是，你的损失也不小，因为这栋大楼的潜在利润非常大。如果你不投资，我失去的只是微不足道的佣金，但真正令我担心的是，我不知道你会损失多少钱，很可能是上百万美元呢！"

让穿着替你说话

还有一个利用潜意识作用的方式，可以让人忽略你从中得到的利益——穿得像个成功人士。你是不是也有过这种经验？当你到一家餐厅用餐，总觉得服务员一直游说你点一些昂贵的菜肴，好让他自己可以多拿点小费。后来，餐厅老板走过来向你打招呼，并且说："真高兴再次见到你！你今天晚上一定要尝尝我们的鹌鹑及龙虾，我保证你一定会喜欢。"

我们很少认为餐厅老板推荐餐点是为了赚取小费收入，但这不

是很奇怪吗？事实上，老板从中获得的利益远大于服务员，服务员每推销一道菜所获得的不过是15%的小费，而老板获得的利润却可能高于70%。但我们却倾向于相信老板，而且比较容易被他说服，因为在感觉中，他们所处的阶层远高于服务员。因此，我们的态度、行为及穿着，都应该表现出成功人士的形象，让客户相信我们的建议不是只为了金钱的回馈。

销售员经常问我两个问题："我应该如何穿着打扮？呈现出什么形象？"我的答案是，你必须将自己打扮得很得体，不要让人家觉得你只是很卑微地靠业绩生活；但是也不要过度装扮，让客户觉得你缺乏亲和力。因此，你应该选择一些质料很好的衣服，那会让你看起来很有品位，同时也不至于太过招摇。

举个例子，如果你穿的是一件价值500美元的运动外套，那些穿着一件50美元运动外套的人，可能看不出这件衣服的价值，却看得出来那是一件质料很好的衣服。而那些穿着一件200美元运动外套的人，则看得出来那是一件很高级的外套，但是不至于华丽到让人以为你是个赚黑钱的毒贩。而那些同样是穿着一件500美元运动外套的人，会觉得你很有品位。当然，对于那些穿着一件1000美元运动外套的人来说，可能就觉得你的衣服不值一提（不过，我想你遇到这类人的几率应该不大）。

毫无疑问，人比较容易被穿着比自己高档的人说服。弗里德（Freed）、钱德勒（Chandler）、穆顿（Mouton）及布莱克（Blake）这几个研究家曾做过一个非常著名的实验，旨在探讨人们有多容易受鼓动而忽略十字路口的红灯。当一个穿着得体的人率先闯过红灯，横穿马路时，有14%在等待绿灯亮起的人会跟随他（她）的脚步。到了第二天，同一个人穿得比较邋遢，结果只有4%的人随他横穿马路。很显然，我们比较容易被比自己穿着高档的人说服。

客户的问题，你不能回避

如果有什么问题给客户造成了困扰，最好勇敢面对并解决它。你是否也曾因为害怕面对问题，而把问题丢在一边不管，任由情况恶化？

举例来说，假设你正在和一个客户开会，希望他能认可你的产品并签下订单。但你看到他并没有专心听你说话，毕竟肢体语言骗不了人。他的头部僵直不动且呆视着你。如果他认真在听你说话，那么他的头应该会微微倾斜，眼神应该比较灵活，并对你说的话有所回应。

这时，与其继续唱独角戏直到失去这个客户，还不如鼓起勇气直面问题。你可以对客户说："你好像若有所思，是不是有什么问题？有没有我可以帮得上忙的地方？"

他一定会很快回神，并且说："喔！对不起，我刚得知一些坏消息，所以有点分心了。但是你所提出的交易也非常重要，让我们继续讨论，看是否达成一致。"

假设你是个销售员，正在用手机和一个客户说话。你想要和这个客户约一个时间见面，但是他却有些失礼地说："你知不知道我很忙？和销售员见面根本就是浪费时间。"

这时你要鼓起勇气面对这个困难，并说："我想，过去你和销售员交往的经验可能不太愉快，但我可以向你保证，我要和你谈的事对你非常重要，而且只要 15 分钟就可以说完。如果超过 15 分钟，只会因为是你感兴趣而希望我多聊一点。不知道这样可以吗？明天早上 10 点还是 11 点你比较方便呢？"

如果有什么问题对你或客户造成困扰，最好放开心胸去面对它、处理它，这可以帮助你成为一个更好的说服高手。

白纸黑字写下来

有一种方法可以确保建立信任,就是使用印刷品。人类对与生俱来的5种感官(视觉、听觉、嗅觉、味觉、触觉)并没有给予同等的重视,我们都倾向于对首要感官作出最佳的注意与回应。人类最重视的两种感官就是视觉和听觉,而多数人依赖视觉的程度又高于听觉。人们往往相信他们所看到的事物,远胜于所听到的话。

那么,如何辨别什么是你的首要感官?请闭上眼睛,并试着回想你曾拜访过的、住在其他地方的朋友。你的脑海中是否浮现你和他见面的景象?如果是,表示你是一个视觉导向的人。如果你想起的是见面时的一些声音或彼此说的话时,你就是属于听觉导向的人。

当你在回想和朋友见面的情景时,很可能是记起一些视觉影像,因为大多数人都是属于视觉导向,所以比较容易想起看到什么景象,而不是说过的话或曾经听过的声音。

不过,这并不见得适用于每个人,毕竟人与人的特性和本能还是会有差异。我就认识一个朋友,他是一个精神治疗师,他的听觉十分灵敏,可以记住和别人交谈的每个字,却很难记住病人的长相,所以他是个典型听觉导向的人。

视觉导向的人比较能记住他看到的东西,而大多数人都是视觉导向,所以通常人们会相信自己看到的远胜于听到的。人们对于白纸黑字的相信程度,远高于听到别人说同样的话。

很多企业都会利用一些说明书或简介来介绍产品。这些印刷品对一个新销售员来说很有帮助,因为他可能对产品还不够熟悉,容易疏忽一些细节。这时,他可以利用说明书或简介,照着上面的内容说给客户听。

讲到这里,你是否也想起自己的"随身必备宝典"呢?它很可能是你第一天到这家公司上班时，主管交给你的几本书或一些资料。在前两个星期，你可能十分依赖这些印刷品辅助，但没多久你就已经非常熟练了，不用看说明书也可以讲得头头是道，于是把它们塞进了抽屉。现在，我请你把它们拿出来，再次使用它们。不要等到你的业绩突然一落千丈，甚至被销售经理训了一顿，要你再从基层做起时，才想到再次拿出那些宝典。

人都比较相信印刷品，即便他们知道你不过是将资料用电脑打印出来，或是用复印机复印出来。就算你说出一模一样的话，他们也不见得会相信你。因此，印刷品的力量是建立信任的关键因素之一。

诉诸权威，消除客户疑虑

说服高手建立信任感的主要关键是，当你坐在某人面前时，想象对方的脸上写着："别人也这么认为吗？"他心想，你认为自家的产品品质很好，那是因为你为这家公司做事，你从这家公司领取薪水——但是别人也这么想吗？

建立信任的关键，是消除客户心中的疑虑，让他们知道除了你，别人也认为你的产品在世界上最棒。

如果你负责一项产品的营销，就应该将一些客户满意的回函或信件收集成册确认哪些信件符合时宜，并将来信者的电话号码附上；若有必要，还可以让客户确认证明。要如何累积这些信函呢？有一些信函会自己送上门来，因为客户实在太满意你的产品，而忍不住写信和你分享并向你道谢。这种状况不常见，大多数时候你还是得开口请客户帮你写推荐信。只要有任何人赞美你的产品，不妨顺道问一句："你是否愿意把刚刚说的话写下来呢？"

如果你愿意保守秘密，我可以告诉你一个小秘诀。有时，你的

客户可能会说:"可是我不知道该写什么。"这可是天大的好机会!这时你应该回答:"我知道你很忙,这样好了,我先帮你写个草稿,等你看过且没有问题之后,再请你的秘书帮你打出来,好吗?"

这个方法可以促使他们遵守诺言,并提醒他们真的要做到。我相信,只要你帮他们分担一点工作,这些大忙人一定会说:"好啊,没问题!"接着,你就可以随意发挥,写出最棒的使用者证明。只要别写得太不切实际,客户大多都会依照你的意思,请秘书写在公司专用信纸上并寄回给你。

在跟你分享这个秘诀时,我还要告诉你一个很棒的方法来获得关键人物的见证。如果你的工作是制作一本介绍公司服务的简介手册,服务的对象包括一些自由职业者或独立工作者,这个技巧将令你受用无穷。如果你能邀请到一个重量级的知名人士来为你写推荐信,会带来相当不错的反响。业界名人或相关企业的领导者都是不错的选择,你不妨直接写一封诚恳的信,邀请他们帮你写推荐信。

为了节省这些名人的时间,你可以为他们提供3种选择,也就是3种不同的推荐范本,请他们选择一个,并在上面签名,放进事先准备好的信封寄回。这样一来你就可以以自己期望的方式,获得名人推荐。这3种推荐内容可以是这样的:

1. 大胆惊人,夸张到没有人会签字,例如:"约翰·史密斯是全世界最伟大的财务顾问!"
2. 内容不那么夸大却强有力,也就是你希望刊登在简介里面的,像是:"听听约翰·史密斯怎么说吧,我从来不曾后悔听信他的建议!"
3. 让他觉得没什么气势,而根本不想在上面签字,例如:"约翰·史密斯看起来是非常不错的财务顾问。"

当名人收到你的信时，一定会很快地浏览这 3 句话。第一句实在太夸张了点，第二句比较像是自己会说的话，至于第三句则太薄弱，没什么说服力。最后，他会选择第二句，签名之后将信寄回给你，而你将如愿获得想要的名人推荐。

选择由哪些人来推荐时，不要选那些把推荐当成是商品在经营的人。即便是泰格·伍兹（Tiger Woods）想帮你写推荐信，他的经纪人也不会答应，除非你愿意付给经纪公司高额的推荐费（或者你要他支持一些慈善活动或政治候选人，只有这类活动或推荐是不会收取费用的）。而且，最好找那些曾经帮别的商品写过推荐信的人。毕竟有的人很愿意帮这类忙，但有些人对此却不太感冒。

1. 人们或许愿意听你说话，却不一定愿意付诸行动，除非你能让他们相信你。

2. 建立信任的基本准则就是：不要超出客户的认知。

3. 如果你对缺点足够坦白，人们很容易相信你所说的其他事实。

4. 要建立信任，请多利用精确数字的力量——越奇怪的数字越好。

5. 如果你没有抽取佣金，一定要让客户知道。

6. 我们的态度、行为及穿着，都应该表现出成功人士的形象，让客户相信我们的建议不是只为了金钱的回馈。

7. 如果有什么问题给客户造成了困扰，最好勇敢面对并解决它。

8. 人们对于白纸黑字的相信程度，远高于听到别人说同样的话。

9. 建立信任的关键，是消除客户心中的疑虑，让他们知道除了你，别人也认为你的产品在世界上最棒。

第4章
激发愧疚，增强交易期望

激发客户的愧疚是一门艺术，也是一种非常有效的说服技巧，其效果十分强大。就像吸尘器一样，它可以将所有你想要的东西吸过来。在本章中，我将教你几个增强客户交易期望的方法。

激发客户心中的愧疚之所以有效，是因为大多数人都很重视公平。在我们的大脑里，有一套衡量人们是否公平的指标，也可以说是一种审判的标准。当我们觉得该指标不平衡时，就会想通过做一些事来维持公平。这就是为什么说出"那你觉得怎样比较公平"会很有效。

多数公司非常清楚这一点，所以制定了一套准则，来避免你受到愧疚的影响。例如，不要接受客户的礼物，或是在和客户共进午餐时，坚持AA制等。现在，我不是要教你贿赂客户，而是一种非常微妙的激发愧疚的方式。

先超出预期，再降低要求

有一种很好的方法可以激发客户心里的愧疚，那就是先向客户提出超乎你期待的要求，然后当你降低自己的要求时，就有资格以

你想要的方式去要求对方给出公平的回应。你减低自己要求的让步行为，可以激发客户认为应该相互平等的愧疚，并进而做出相对的让步。

很不幸，大多数缺乏经验的销售员都不敢这样做。他们常常对于自己说服对方的能力缺乏信心，以至于在还没有开始进行交易前，就先降低了某些要求。

然而，说服高手知道，光有勇气开口要求我们真正想要的东西还不够，还应该有勇气提出超出我们预期的交易条件，然后在降低要求时，我们就能在客户心中激发出一种愧疚："他都让步了，我似乎也应该有所表示，这样才公平，不是吗？"

下列有几个经验老到的销售员经常会提的交易条件，而菜鸟销售员却没有勇气说出来：

1. 完全按照定价。
2. 预付订金。
3. 长期的授权费用。
4. 长期服务的合约。
5. 如果年度数量没有达到目标时，应该进行补偿。
6. 设计或工程规划费。
7. 样品费用。
8. 包装费用。
9. 条码费用。

提出超出你预期的要求是非常重要的说服技巧，虽然它很简单，但我很担心你会忽略它，或害怕你会想："当然，我知道啦！就这么办吧。"这是一个非常简单的原则，但基于以下理由，你必须这么做：

1. 掌握客户心中真正的需求。在进行交易前，你很有可能会被一些错误信息误导，而不知道客户究竟需要多少产品，或他有多少选择。
2. 打开谈判空间。在交易的谈判过程中，你永远只能降低而难以提高条件，因此，预先保留空间可以确保你的利益。
3. 可以制造客户占了便宜的氛围。
4. 提升产品的认知价值。当你说"这个产品定价是1000美元，但我今天特别给你950美元的优惠价"时，通过这个打折，你实际上已经提升了它的认知价值。
5. 避免和那种只想逼你降价的客户产生僵局。

让我们来看看这个方法的真实效果。想想看，世界上有一群人拥有非常神奇的说服技巧，总是可以如愿达到他们的目标、获得他们想要的东西。聪明的人将这些传奇人物的特殊说服技巧记录成书，让世人见识到他们如何在竞争激烈的环境中，得到他们所要的一切事物。他们的才能是如此特殊，不知道有多少心理学家穷尽毕生精力在研究探索这些人。你一定很好奇他们是谁？不要怀疑，他们就是你的小孩！

回想一下，小孩子是如何施展他们的技巧，向你要求超出他预期的东西？他们出于本能地知道如何激发你的愧疚。

过去20多年，我住在加利福尼亚州拉哈布拉海茨（La Habra Heights），那是一个距离迪士尼乐园大约10公里的小镇。我有3个小孩，这意味着我对这个神奇王国贡献良多。

如果你打算带你的小孩到迪士尼乐园玩，应该知道每个人必须花上50美元的入场费及午餐费。如果小孩要求到迪士尼但你不答应时，他们可能会退一步说："那你带我去看电影吃爆米花，好不好？"

这时，你会感觉仿佛从地狱升到天堂一样。

多年前，我的女儿朱莉娅（Julia）在比弗利山庄的证券行工作，有一次，她约我共进午餐。那时我最小的儿子约翰刚从学校回到家里过暑假，而且在朱莉娅的公司打工，因此她提议我可以和他们两个一起吃午餐。

和他们一起吃饭当然是件好事，但是我开车到那里至少得花一个半小时，等我到达目的地，已经是下午1点了，这意味着我整个下午都得耗在用餐及来往车程上，这将严重拖延我当时写书的进度。除去花费的时间不说，我还得支付那顿在高级餐厅享用午餐的费用。

所以我对她说："朱莉娅，我很想和你们一起吃午餐，但我真的分身乏术。"她回答："如果你不来，那我和约翰还是可以去那家餐厅吃饭吗？"我松了一口气，说："当然没问题，我会补偿你。"当一挂上电话，我突然就想到："我又被她耍了！为什么我每次都会上当呢？她根本就没想过邀我吃午餐，而是提出了比她期待还要高的要求罢了。"

还有另一个例子，我的大儿子德怀特（Dwight）跟我借跑车，我回答他："德怀特，你应该知道这部车跑得相当快，我实在不放心把它借你开一晚上。"

他看起来非常失望，然后说："那我可不可以借你的旅行车？"

我说："好吧，如果是旅行车的话，我会比较放心。"直到一个半小时后，我看到德怀特在车库前，将他的吉他还有一些扩音设备通通搬上旅行车，我才恍然大悟。他根本不可能将那些设备放进跑车里，毫无疑问，他本来就想要借那辆旅行车。

他真的非常聪明！如果他一开始就向我借旅行车，我很可能会拒绝他，因为他要将那么多设备搬上车。然而，人们一旦下定决心就很难再反悔，因为都想坚持自己的立场，我也不例外。德怀特深

第一部分 销售是一场说服竞赛

知这一点，于是他先要求借跑车，在借不到跑车时，转而借旅行车。而对我来说，我不但没有失去自己的立场，反而觉得自己在和他谈判的过程成为了赢家——他真的非常聪明！

最典型的案例是约翰尼·卡森（Johnny Carson）和他第三任妻子乔安娜（Joanna）的离婚案。当时乔安娜可以从卡森那里得到一大笔赡养费，作为她以后的生活费，金额多少将由法官决定。卡森的律师提出的金额是一个月1.5万美元，但是乔安娜的律师却洋洋洒洒列出了维系她生活的各项开销明细，每月总额高达22万美元。难道卡森真的认为乔安娜愿意接受一个月1.5万美元的赡养费吗？不可能！反过来，乔安娜认为卡森真的会付她一个月22万美元的赡养费吗？当然也不可能！

你应该提出超出预期的要求，因为这可以创造一种情势，让客户感觉到你后来的让步，所以他也应该做出相应让步才算公平。

现在我要告诉你一种比较严肃的方法，来提出比自己期待还高的要求。多年前，我负责调停一个零售商进行的工会合约修正谈判，在那之前，劳方加薪比例远不及联邦最低薪资规范的调升比例。资方认为工会只是在给它的成员帮倒忙。

工会一开始提出的要求确实非常无理，他们提议将该店所有员工的薪资调成和加利福尼亚州阿米拉达市的 UPS 快递[①]货车司机工会一样的标准。起初，我们很纳闷，为什么工会要选择这家公司作为标准，后来我们发现，那是因为位于该市的这家 UPS 是全加利福尼亚州拥有最佳福利合约保证的公司。

我认为工会的提议很不合理，但这些成员都是自愿出来担任员工代表的人，他们为了替员工争取福利而不惜和资方对立。我一想到如果因为这样而使工会解散，就感到为难。但是我和双方都没有

---

① 1907年成立于美国西雅图，现成为世界最大的快递承运公司。

密切的关系,以至于很难和他们产生共识,而劳资双方都是经验丰富的谈判者,所以我试着用自己的方式居中调停,找到一个彼此都可以接受的平衡点。

为什么工会在明明知道无法被满足的情况下,要提出这么高的要求?为什么这家公司明明知道不可能,还想要成为一家可雇用非工会会员的公司?因为他们双方都想造成对方成为赢家的感觉。

事实上,让对方觉得赢了,比真正的输赢重要。最后,劳资双方终于达成协议,并在协议报告中写明:"代表劳方的工会及代表资方的律师代表同意不再提出过分要求,也都愿意各退一步。"如此一来,代表工会出来谈判的人可以对他的会员说:"我没有达成让你们的薪资大幅增加的目标,因为公司要坚持解散工会,成为一家没有工会企业。这样一来,大家以后都没有工会保障了。但最后我们终于让他们打消了这个念头。"

公司的律师代表则可能对老板说:"虽然我们协议的薪资上涨比例高于底线,但是你去看看工会一开始提出的要求,就会知道我们并没有让步太多。"

当初我领悟到要求更多的原则时,决定将其应用在老板身上。当时,我的工作量非常大,而且一天比一天多。当我决定去找老板讨论工作现状时,心里想着:"如果他答应我提出的任何要求,就已经很幸运了!"经过一个小时的恳谈,我满怀惊喜地走出老板的办公室,因为老板不但决定给我升职,还将我的薪水调高了60%,并提供丰厚的年终分红保证和一间新的办公室,甚至连我的秘书都可以请一个新助理。

有一家全国连锁的百货公司运用这个方法,策划了一套不怎么受人喜欢的营销模式:他们用价格将所有家电产品分为劣等、中等和优等3种不同品级。他们先在广告中以诱人的低价促销劣质品,以吸引客户上门。同时，将较贵的款式摆在抢眼的地方，将广告中低价款式放在不起眼的角落。然后，他们告诉消费者，虽然低价的款式比较划算，品质却没有价格高一点的款式来得好。最后，很多原本要买低价商品的人，最后抱着高价商品回了家。

他们利用诱饵吸引客户上门后，劝说他们购买其他商品，此外，这家百货公司还发展出一套非常有趣的新机制：他们重新调整了商品的利润结构，使得中等价位的商品利润最高，而不是售价最高的商品。

这家公司训练销售员先是努力推销高价品，然后再小声告诉客户："坦白说，花那么多钱不一定值得，如果是我，我宁可选择中等价位的款式。"这听起来像是为消费者着想，事实上，这是店内的利润结构促使销售员努力促销中价商品。这样一来，销售员们他们才可以抽取较多的红利。当然，这种做法完全违反交易道德，这家百货公司最后遭到了美国联邦交易协会的控告。

你当然不需要为了一笔生意越过道德底线。然而,身为说服高手，必须了解别人可能会运用的技巧，以避免因此遭受损失。在刚才的例子中，我们看到了提出比期望还要高的要求非常有效。当你稍做让步时，客户的心中就会产生愧疚，觉得他们应该在其他方面也稍作退让，以示公平。

不过，当你提出比期待还要高的要求时必须注意一种危险的情况。查尔斯·狄更斯（Charles Dickens）在《雾都孤儿》（*Oliver Twist*）中描述道，穷人永远不应要求过多的食物。请记住：当你提出的需求超越合理范围，却还自信地认为一定可以得到它时，极有可能会惹上麻烦。当你要求客户更多东西时，请确认这对他们来说是否过分。为了稳妥起见，你可以暗示这些要求都还有调整的弹性。你要试图让对方知道，虽然你觉得这样的要求很合理，但是会尽量考虑他们的想法。如果有必要，你也乐于听听他们提出的建议。

不伤及自己的主动让步

如果你可以给对方一点好处,同时无须改变自己的立场,何乐而不为呢?说服高手希望能在不伤及自己的状态下,与对方达成妥协。

当你在说服他人时,最恰当的想法并不是"我要如何从他们那里得到想要的东西",而是"我能够给他们什么,而又无损于我的立场"。给对方一些他们认为有价值的东西,可以在他们心里造成一种愧疚,觉得应该有所回馈。

说服之所以困难,是因为我们总是假设别人和我们要的东西一样。事实上,买卖双方的立场本来就不同,想要的东西自然不一样。我曾用这一招帮过詹姆斯·伍德伯里(James Woodberry),将他弟弟救出科威特,当时他弟弟被萨达姆·侯赛因所领导的政府软禁了。

> 当萨达姆入侵科威特时,詹姆斯立刻打电话给我。他说多年前曾经听过我的谈判教学录音,因此他想聘请我帮他和萨达姆政府谈判。他弟弟在科威特从事石油开采的工作,当时被软禁在科威特不得离境。
>
> 詹姆斯告诉我,他愿意支付我大笔酬劳,而且只要能将他弟弟救出来,他也愿意支付高额赎金。我告诉他我很乐意帮这个忙,但我不会向他拿一毛钱,而且,也不需要付任何赎金。我告诉他:"我们必须从萨达姆的观点来看这件事,当我们能投其所好时,他就会释放你弟弟。在我看来萨达姆要的并不是钱,他要的是好名声。如果你能够帮他创造好声誉,他一定会释放你弟弟。"
>
> 詹姆斯非常严格地照着我的建议去执行。他打电话给4个主要国际电视频道,告诉他们他即将前往伊拉克,和萨达

姆进行谈判。当他打给其中一家电视台时，就暗示对方其他电视台对于他的伊拉克之行高度关注，并愿意大幅报道。他利用人类的天性（从众、不愿落后）以吸引媒体报道。

CNN（美国有线电视新闻网）、NBC（全国广播公司）及ABC（美国广播公司）没上他的当，但CBS（哥伦比亚广播公司）认为这真是一则很棒的故事，也非常独特，因为我们忽略了政府的警告——此刻不宜进入伊拉克境内。CBS新闻主播丹·拉瑟（Dan Rather）非常喜欢这个点子，他很想和詹姆斯一起去伊拉克亲自报道这个事件，但CBS不允许一个身价好几百万美元的新闻主播到战场去冒险，于是他们否决了这个提议。

詹姆斯很失望但并不气馁，他决定先飞到安曼（约旦首都），因为众多记者在那里设有基地。他住进多数记者居住的饭店，在等待进入伊拉克首都巴格达时，找机会在酒吧和他们一起喝酒，并借机告诉他们自己要去营救弟弟的故事。

很多记者对他的故事感兴趣，甚至主动提出协助，和他一起前往巴格达，帮他和当地政府交涉。就这样，他开始了和伊拉克政府交涉的过程，并努力让每个人知道他想要和萨达姆见面，要求释放他弟弟。经过了许多难熬的日子后，他终于等到梦寐以求的电话——伊拉克政府打来电话说萨达姆要和他见面。

当詹姆斯到达萨达姆指定的地点后，他注意到现场已经架起摄像机，也意识到他和萨达姆的会面过程将通过媒体完整传送到世界各个角落。经过约15分钟的发言与互动，他发现萨达姆有意释放他弟弟，事后詹姆斯告诉我："那一刻，我心里只想着尽快离开。"然而，萨达姆借着媒体采访的机会，

发表了将近一个半小时的无聊演说,最后才让詹姆斯和他弟弟团圆,并让他们安全离开伊拉克。

为什么詹姆斯能够在连美国政府都帮不上忙时成功救回弟弟?他利用了说服高手的关键原则,就是知道对方心里想什么、要什么,然后去满足他们的需求,他们就会依你的需求行事。你要学习从客户的观点来看待事物,而不仅仅是你自己的观点。当你给出他人想要的东西,他人就会回馈你想要的东西。

每个人都想收到礼物

另一种激发他人愧疚的方式,是送点小礼物,这就是为什么采取直销方式的富乐专业清洁用品公司和雅芳成功的原因。他们的销售员经常会在门口先把免费试用品送给消费者。这些小礼物消费者不一定想要,但他们还是会觉得,应该让对方进门来展示一下产品。

为什么我们在收下别人的小礼物后会有这种感觉?因为早在童年时期我们就被灌输了这个观念。在念小学时,那个可爱的小女生在情人节送你一个巧克力,你是不是觉得应该回赠她一个?

当你收到朋友寄来的年节贺卡,是不是也急忙赶在过节前回寄一张给他?当你收到某人送你的圣诞礼物,但你没有事先为他准备一份时,会不会觉得很尴尬?当我们参加亲友的婚礼时,都知道应该送上与婚宴等值的礼金。没错,这确实有点蠢,但这就是说服的重点,它已经融入我们的文化中了。

克里希那教派(Hare Krishna)就利用了这一点在机场进行募款活动。这个教派起源于印度新德里(New Delhi)和阿格拉（Agra）之间的一个小镇。20世纪60年代时，人们还可以看到该教虔诚的信徒剃着光头、身穿长袍，出现在好莱坞及美国多个地方。他们经常一边敲着鼓，一边翩然起舞。

越战那几年，美国社会动荡不安，这个教派吸引了很多信仰者，但到了20世纪80年代，他们面临经费不足的窘境，因为整个大环境已经改变。嬉皮士不再流行，取而代之的是雅皮士，克里希那教派就此没落。

为了帮教会募款，教徒们想出一个方法。他们穿着和平常人一样的服饰，在国内一些主要机场设点，通过接近某个旅客，在他的衣襟戴上一朵鲜花，然后请他捐款。这个方法非常有效，他们募集到的金额比全世界一百多家寺庙和教会募到的金额加起来还要多。事实证明，多数人在收到这类他们实际上并不需要的小礼物时，仍无法抵抗心中产生的愧疚。

说服高手知道，送花可以产生神奇的效力。有一次，我手下的经理办理了一个案子，如果成功，这个案子可以为公司带来超过20万美元的利润。她为此办了一场会议，想要在最后关头冲刺一下，顺利拿到合约。我告诉她要准备一大束花，在会上送给客户。她对我的提议感到不以为然，觉得没有创意，甚至还有点虚伪。然而，她最后还是听从我的提议，硬着头皮去做了，结果我们成功拿到合约。之后，她告诉客户说："希望你不要认为那束花是贿赂。"结果客户开玩笑地说："我当然知道这是贿赂！但无论如何，非常感谢你送我这束花。"

如果你曾和中国人做生意，一定知道在东方国家，送花也是一门艺术。只要有一家新店或公司开业，门里门外一定会被鲜花包围，所有的亲朋好友、往来客户都会送花给店主或公司，以表示祝愿生意兴隆。举例来说，我曾在中国台湾地区举办了为期5天的座谈会，每当

49

我结束一场演讲,都会收到一大束漂亮的花。请记住,送花虽然没什么创意,但是可以带来人与人之间亲密的接触,并产生极佳效果。

为什么花是很棒的礼物呢?有两个理由:第一,花给人较亲密的感觉,因为这束花由别人专程挑选赠送,而且我们在送花时总免不了附上一张手写的小卡片——即使收到花的人知道这通常不是你亲手撰写的,而是你交代花店代写的,但还是会让人感到贴心。花店的人都知道,如果卡片上的字不用手写而用打印,是一种非常糟糕的做法。设想一下,如果你收到一张感谢卡,上面却没有当事人的签名,你感觉如何?所以,与其忘记签名,还不如不要送感谢卡。第二,收花可以避免给人行贿的感觉。我敢说,很少会有客户因为担心被质疑受贿而拒绝收下你送的花。一束花虽然值不了多少钱,却能帮你拿到一大笔生意。

至于非个人化的礼物,像是镇纸或拆信刀等也不会让对方产生愧疚,因为他们会认为那是公司送的,而不是你个人送的。

多年前,当我买下一栋公寓时,就亲身感受到了送花的巨大魔力。当时,有一个投资大户买下了整条街的公寓,然后将它们分别转售出去,以赚取差价。他在星期天的报纸上刊登了一则小广告,我看了之后就忍不住去参观。当我到达时,现场可说是一片骚动,因为当时加利福尼亚州的房地产业十分红火。

我好不容易挤进接待处,大声地对销售员说:"你们还有房子没卖掉吗?"他回答我:"还有一套,如果你要的话就8折卖给你,价格是12.9万美元。"我声嘶力竭地叫着:"好,我要了!"接着,销售员在接待处门口贴出"全部售出"的牌子。这真是相当冒险,因为我甚至都没有现场看过公寓。

第二天,我为自己的冲动行为感到后悔,但是没多久,我收到销售员送来的一束花,卡片上写着:"恭喜!你做了一个物超所值的投资！"一瞬间，我忘掉了悔恨与不快。跟大家一样，我不希望自己是个轻易反悔的人。虽然当时他做了让步，但决定权还是在我，如果我不买，他应该也可以轻易卖给其他人。所以说，送花这一招还真厉害！只凭一束价值20美元的花，就让他拿到了价值12.9万美元的生意，而我也更加确信这是个好投资。3年后，我以19万美元卖掉了那栋公寓。

同时，送出经过深思熟虑的礼物，可以有效地激发客户的愧疚。我曾听一个销售员说起他如何和主要客户建立强烈的联结：当他知道客户的孙子着迷于收集各国邮票之后，无论他到什么国家，都会带一些新邮票送给他。这一招非常有效，花一点心思，可以送礼送到客户的心坎上。这样一来，当你每次去拜访他时，他一定会放下手边的事，热情地招呼你。

还有另一种形式的礼物——当你的客户因故迟到或取消会面，一定要好好利用这个机会。你不应该有丝毫不耐烦，而是积极约定下一次见面时间，让对方觉得不好意思。

此外，千万不要惹恼客户的秘书，或在他（她）面前表现出不耐烦。多数老板都非常信任自己的秘书，并认为他们的观点非常有价值。有很多生意无疾而终，就是因为有些秘书在老板面前说的话："那个销售员真是令人讨厌，你一定不知道他有多烦人。"而很多交易可以顺利达成，可能是因为秘书说："他真是个好人，已经在这里等了一个小时，却没有发过一句牢骚。"

提前找出客户需求

也许你会觉得以上的方法都很虚假甚至不道德，但我并不这么认为。如果你心存正念，而且确信你带给客户的好处是他们需要的，我认为你就有责任了解并应用上述的说服原则。

爱德华兹·戴明（W. Edwards Deming）是非常著名的管理大师，第二次世界大战后，他成功地让许多日本知名企业恢复生机。在他心中有一个坚定的信念，那就是不能仅仅了解客户目前的需求，也不能只是了解客户现有的问题，你必须能找出客户未来的需求和问题所在。如果你只是在目前的状态扮演好你的角色，客户很有可能找不出购买你的商品的理由。因此，你的思维要超越他们的现状，帮他们找出未来的需求与问题，并提供满足与解决之道。销售他们目前看似不需要的东西并不是造假，相反，这是你对客户及这个行业前景的责任。

所有销售员都必须了解，激发愧疚是完成说服的关键步骤。当对方产生愧疚时，大脑就会呈现空白状态，这时你说什么对方都会比较容易答应。

第一部分　销售是一场说服竞赛

1. 你应该提出超出预期的要求，因为这可以创造一种情势，让客户感觉到你后来的让步，所以他也应该做出相应让步才算公平。

2. 当你在说服他人时，最恰当的想法并不是"我要如何从他们那里得到想要的东西"，而是"我能够给他们什么，而又无损于我的立场"。

3. 送出经过深思熟虑的礼物，可以有效地激发客户的愧疚。

4. 如果你只是在目前的状态扮演好你的角色，客户很有可能找不出购买你的商品的理由。因此，你的思维要超越他们的现状，帮他们找出未来的需求与问题，并提供满足与解决之道。

5. 所有销售员都必须了解，激发愧疚是完成说服的关键步骤。当对方产生愧疚时，大脑就会呈现空白状态，这时你说什么对方都会比较容易答应。

| 第 5 章 |

暗示稀有性

"稀有性"是客户的购买动力之一。本章我将教你如何运用压力来说服客户,这就是"物以稀为贵"。为你的产品制造一些限制将产生更大的说服力量,因为那会让客户感到紧张,促使他们及时把握机会。

每当我想起这一点时,就会想起以前我在苏联的一段经历。当时,苏联正在改革,我站在二楼的窗台往外看,一副令人难以置信的景象呈现在眼前:全新的生活,崭新的政治、经济改革,少数人开始被允许经商或创业。

在改革前,所有物资都被政府掌控,但现在有部分人可以从事买卖行为,并从中赚取利润。在我的窗台下,就有一个人正打开一个小纸箱,准备销售他的商品,看上去大概是一些廉价手表。没多久,"有人在销售新产品"的消息迅速传开,很快引起人群的骚动。每个人都奋力想将手中的卢布塞给他,好不容易抢到一块手表后再挤出重重人群,然后才打开盒子,看看到底自己买到了什么款式的手表。

有一次,当我在亚马孙河流域旅行时,被逆向的水流给困住了,只好抓一些南美洲盛产的食人鱼烤来当午餐。我没有欧内斯特·海明威（Ernest Hemingway）厉害，但还是抓到了几条食人鱼。其实，抓食人鱼并没有想象中那么困难，只要在线的一端绑上钩子，当你一抛出钩子，水面很快就会猛烈地波动，这表示食人鱼已经上钩了，而且还有成群的食人鱼正蜂拥而来——那景象就跟我在莫斯科看到人们抢购手表的情景一样。

莫斯科的那一幕生动地展示了稀有性的力量。那个卖手表的商人也许有办法拿到更多手表来卖，但他非常聪明，每次只带一小箱来卖。这给我们一个启示：限量供应是非常有效的说服方式，因为客户会情不自禁地认为，若不立刻作决定就来不及了。

精明的客户也不例外

千万不要以为只有不精明的客户才会疯狂抢购限量商品。我曾经到一家制造航空器引擎轴承的公司教员工谈判技巧，通常来说，他们生产一批轴承的时间大约为10周，但业界谣传他们公司缺乏制造轴承的原料，未来轴承的供应将出现严重问题。航空器引擎的制造商当然不想因为买不到合适的轴承，而停止生产价值3亿美元的喷气机引擎。

尽管这家公司对客户一再担保，未来绝对可以正常供货，客户们还是不断增加订单以确保存货。有一个客户这样做了，其他客户也都立刻跟进追加订货。很快，客户订单量超过了该公司的产能，他们只好告诉客户将延后交货。这造成了客户更大的恐慌与不安，大家更加疯狂订货，最后该公司可以承诺的交货日期竟是接到订单的两年后。

你可以想象，当这场混乱的闹剧平息下来后，客户们开始明白，先前的恐慌毫无道理，但他们手上的存货已高达标准存货的10倍以上。

稀有性可以创造价值

假设你在一家电器商店,迟迟无法下定决心是否应该花那么多钱买一个新的冰箱,而销售员已经开始失去耐性了,最后他说:"在你作决定之前,我得先确认一下仓库里是不是还有这个款式的冰箱。这一款冰箱卖得非常好。"

接着他打电话问经理说:"你可不可以帮我查一下,我们还剩下几台 7256 型的冰箱?"

过了一会,经理回电说:"我刚查过,因为我这里也有一个客户对这台冰箱很有兴趣。可是仓库只剩下一台,如果有人想要的话最好快点决定,这台冰箱真的很划算。"

你一定会大声叫着:"我要买!我要买!"

或许,你觉得自己非常精明,绝不可能掉入这种陷阱,可是电器行的销售员却会以你想象不到的方式来说服你。请相信我,因为我曾经在一家大型百货公司当销售经理,所以非常了解这一点。

我永远记得加利福尼亚州贝克斯菲尔德(Bakersfield)酷热的夏天。早上 9 点时,温度往往已经超过 38 摄氏度。当我们在 40 度的人行道上举办促销活动时,我的电器部经理鲍勃·怀特(Bob White)汗如雨下,小心翼翼地搬了一些瑕疵品到人行道,并贴上特价标签。

"这个冰箱要多少钱?"有个客人问道,大概是想早起的鸟儿有虫吃吧。

"我们还没开始营业呢!"鲍勃回答。

这个客人好像没听到一样,坚持问:"喔,但请你告诉我这个冰箱要卖多少钱?"

"就像牌子上面写的,所有特价品一律只要 399 美元。"

这个客人充满希望地说:"可不可以再便宜一点?"这时,又热又烦的鲍勃终于忍不住,他伸手从工具箱拿出一个槌子在冰箱的面板上轻轻一敲,结果掉落几片漆皮。

鲍勃说:"现在我可以便宜卖给你了,你还想要更便宜一点吗?"

客户急忙大叫:"不用了!这样就好,我买了。"

不要给客户无限制的选择

有些客户也会来参加座谈会,就像你想多读一些书、多吸收一些信息以培养自己的销售技巧一样。对他们而言,提升购买技巧也是一门很大的学问。猜猜他们在座谈会上都学到些什么?他们将学到一些特定技巧,好说服销售员他们所销售的只是普通的商品,没什么了不起。我所说的不只是钢铁、玉米、猪肉这类一般商品,就算你卖的是宇宙飞船或治疗癌症的药,他们都有办法让你相信,从别的地方能用更便宜的价格买到。

所以,客户想让你承认你的产品并不是那么稀有,而你的任务却是让客户相信,你的产品是非常独特的限量珍品。想要成功说服对方,比较简单的方法是你自己要相信"附加价值销售法"。你不要只是单单销售产品,而是要自己为产品增添附加价值。你是独一无二的,如果客户想要获得你的服务,就必须购买你的产品,一旦他们和你做生意,就会得到来自你的附加价值,这就是世界上绝无仅有的优势。

稀有性是相当强大的说服工具,永远不要给客户无限制的选择机会。让客户知道你所提出的方案绝无仅有,一旦错过就不会再有。每当你试图说服某人时,要表现出如果他不接受你的提议,就没有别的选择了,这将让你拥有更大的掌控权。

1. 为你的产品制造一些限制将产生更大的说服力量,因为那会让客户感到紧张,促使他们及时把握机会。

2. 客户想让你承认你的产品并不是那么稀有,而你的任务却是让客户相信,你的产品是非常独特的限量珍品。

3. 稀有性是相当强大的说服工具,永远不要给客户无限制的选择。

| 第 6 章 |

用时间压力创造竞争感

在本章中,我将教你有关"时间压力"的力量。越快说服客户作决定,就越能达到目的。如果让客户有足够多时间去思考,你可能会错过大好的机会。

现在的不动产中介,竟然出现让客户考虑两三天的习惯,我对此感到非常惊讶。难道他们不知道,给客户越多时间去思考,就越没有机会实现预定的目标?

不要让客户思考太久

假如我们是生活在一个大家都受过良好说服训练的世界里,买卖双方都有高度的兴趣与能力,寻求有创意的解决方式来实现互惠,那么给予对方充分的思考时间将十分有利。因为如果对方了解你的需求,他会认真思考如何在自己没有损失的前提下,给你一些实质性的好处。很不幸,我们所生活的世界并没有那么美好。现实的情况是,如果你给客户时间去思考你的提议,可能是给了他一个机会获得更多的好处,甚至会因此而使你有所损失。

让我重申一遍,如果你能越快说服客户作出决定,就越有机会

达到你想要的目的。你如果让对方有越多时间去思考,就越没有机会达到目的。

回想一下,你的小孩是否总在一些紧急的时刻(比如你赶着出门上班或是他们急着上学时)要求一些事?有一次,我请我的小儿子约翰送我到洛杉矶机场赶赴一个演讲邀约。从家里到机场约一个小时的路程中,我们像一般父子闲话家常。当我们抵达机场停好车,机场的行李搬运工从后备箱拿出我的行李后,他告诉我说:"爸,对不起,我忘记告诉你了,我需要50美元来修理车子的消音器。"

我回答他:"少跟我来这一套!我可是教人家如何谈判的专家。你刚刚一路上都只字未提,怎么现在就突然想起来了?"他说:"对不起,可是我已经和修车厂约好时间,要在你回家前修好它。拜托啦!你可不可以先给我钱?下星期你回家后,我会好好解释的。"

小孩子并非真的那么奸诈,只不过从小到大这么多年以来,他们已经本能地了解到大人在时间压力下比较容易通融,要求的事情自然也就容易到手。

你是否也曾这样做过,当你去应征一个工作时,你会让这家公司知道,尽管来这里上班是你的第一选择,但还有其他3家公司等着你回复?当你在尝试说服某人时,他是否觉得应该赶快作决定并且把握这次机会?这就是时间压力,不是吗?

如果你是一个销售经理,想让某个销售员接受职务调动,你是不是也曾用过这种方法:"鲍勃,我不想给你压力。"我称这种开场白为"预防针",通过这种说辞,你让鲍勃有了心理准备。"鲍勃,我不想给你压力,也不想逼你,但总裁逼着我这么做。当然啦,在我心中你是第一人选,如果我没办法说服你到关岛工作,就得和第二人选进行沟通,但我真的不想这样。鲍勃,怎么样?"这就是时间压力。你要让鲍勃感觉到机会不会等他太久,第二人选紧追在后。

限时让人产生购物冲动

如果你真的想感受一下时间压力的威力，不妨到分时共享度假别墅中介公司去走一趟。

表面上，分时共享度假别墅是利用双赢的概念，也就是现在很多人强调的一种新购房观：有时候，拥有整栋别墅并不划算，如果你只需要其中一部分空间，就不需要花大把钞票买下所有设施。你所支付的费用比例可大大降低，因为所有拥有者将共同分摊公共设施成本，像是健身房、游泳池等。分时共享度假别墅中介公司称其为人们的第二个家。你不需时刻拥有整栋别墅，如果你只在每年特定的休假时间使用它，将可以节省更多钱来达到相同的效果。

这原本是个立意良好的新概念，但是很不幸，早期有一些不道德的销售员使用不当的推销手法，使其一开始的发展并不顺利（如果你在早期也曾对分时共享度假别墅印象不好，请你千万不要用过去的眼光来看现在的分时共享度假别墅行业）。现在，该行业已经由几个比较大且有信誉的业者掌控，像是希尔顿酒店、万豪酒店等。和以前不同的是，现在所有交易都必须在客户亲身体验与参观度假别墅后才作出决定。

有一次，我混进了佛罗里达州一家分时共享度假别墅中介公司的工作人员之中。结果我发现，没有人比共享度假别墅的销售员更了解如何利用时间压力来达成销售。他们知道如何让毫无戒备的人们在免费早餐还没进到胃里前，就愿意买下价值 2 万美元的分时共享别墅。

我现在就来告诉你他们如何做到这一点。他们吸引消费者前往参观的诱因是赠送免费的诱惑。想想，你可以在早上 8 点享用免费早餐后，顺便参观一下分时共享度假别墅，然后跟销售员说谢谢、

再考虑，拿上价值 50 美元的迪士尼门票就走人。9 点时，你已经走在大街上，庆幸自己赚了一笔。

事实并不尽然，因为当人们吃了免费早餐之后，就会觉得有责任听听销售员说些什么（就像我们在本书第 4 章所说）。本来你已经做好心理准备，要尽其所能避免自己被高超的销售技巧征服，然而负责导购的销售员并不如你原先所想象的那样。

她会在早餐结束后向你介绍分时共享别墅的概念，详尽但不夸大地陈述别墅的设备及状况。还记得我们在本书第 3 章所提到的信任吗？千万不要告诉别人超乎他们认知的事物，这些销售员完全做到了这一点。这时，她在你心中塑造出的那栋别墅是那样的物超所值，让你不禁也感到兴致高昂。

接下来，你们就被带去参观样板房。哇，看起来棒极了！所有设备都十分奢华，有按摩浴缸、整面的大镜子及最先进的各类设施。这一切都让你感到非常兴奋，心想是时候认真考虑一下这个提议。

当你走出样板房，到接待处向销售员领取免费的迪士尼门票时，看到里面有 20 多个家庭各自围着小小的桌子在和销售员交谈。你告诉他们，你会好好考虑，结果他们立刻告诉你一个当天才有的优惠价格。如果你今天下单的话，将比原价便宜 5000 美元。这时你还会想要等到 3 天后考虑清楚再用原价购买吗？当然不会，他们就是在用时间压力来影响你。

整个销售过程都建立在可信的基础上，因此，你也会相信这个当日特定优惠过期就没有了。假如你还在抗拒，就会被数个销售员轮流说服。当第一个销售员无法达成交易时，你将被列为难以成交的客户，并转由资深销售员来说服你。通常来说，他们都是该单位中最厉害的成交高手。只有你跟他们交流过，才会拿到免费赠票。

在接待处中若有其他人决定购买，他们就会向现场来宾介绍这个客户是"值得骄傲的新别墅拥有者",然后在场的每个人就会鼓掌庆贺。在现场更具影响力的是那些兴奋的人们,那种伙伴群体(peer-group)的压力形成一种令人陶醉的气氛。

要不是接待处充斥着兴奋的气氛、愧疚及时间压力,3个小时前的你,绝没有想过要买下一间价值2万美元的共享度假别墅。但是请等一下,佛罗里达州不是和其他州一样,已经立法通过保护民众免受利用时间压力达成销售的交易吗?没错!在佛罗里达州,只要在达成交易的15天内,你都有权打电话告诉销售员你改变了主意。他们必须毫无异议地退回你的订金,但事实上很少有人会这样做。

为什么呢?共享度假别墅的销售员有另一个极佳的说服技巧,他们称之为"带客户下山"。所有的登山向导都知道,带着登山客抵达山顶不过是完成了旅途的一半。销售员也会将你从令人神迷眩晕的高峰带回平地,并恢复平静。他们会在你理性的状态下,再次确认你的购买意愿,就像麻醉医师一样,确认你的神志是否清醒。

他们会提出任何你有可能撤回购买决定的理由,例如:"你会不会觉得自己太冲动了?会不会一到深夜时分,就觉得自己太浪费了?你会不会质疑我告诉你那么多关于这个房子的好处,只是为了赚取佣金?你的妹夫可能会告诉你这是个错误?但无论如何我要告诉你,这都不是事实!真正的事实是你一生辛苦工作,理应在假日小小地奢侈一下,不是吗?"

我并不是要建议你采取和共享度假别墅行业一样的销售技巧,因为这比较适用于说服那些只见一次面就必须成交的客户。但无论如何你必须意识到时间压力的重要性,如果他们感受到一些时间压力,你将更有机会说服他们。

1. 如果你能越快说服客户作出决定，就越有机会达到你想要的目的。你如果让对方有越多时间去思考，就越没有机会达到目的。

2. 向你的小孩学习！他们总是在最后一秒向你要东西，因为小孩天生就知道，你在时间压力下通常会比较好说话。

3. 如果你告诉客户只有今天才有这个优惠，你必须确实做到这一点。你可能会因此而丧失一点生意，但长期经营下来你一定会是成功的那方。

4. 要学习所谓的"带客户下山"方法，因为客户很有可能在激情过后反悔，进而撤销交易。当你促使对方在时间压力下作出决定时，一定要在对方比较理性的时候再确认一次。

第7章
调动客户好奇心

接下来，我要介绍分享秘密的艺术，这个说服技巧一定会令你着迷。审问者经常用这个方法来攻破人们的心防，进而得知他们想要的信息。现在，你也可以运用这个非凡的说服技巧，因为它几乎就像宗教一样可以感召信众，让你拥有足以影响客户的强大力量。只要你遵照以下3个步骤，就可以感受到它卓越的效果：

1. 说出你心里的秘密。
2. 忏悔。
3. 请求帮助。

这3个步骤源自第二次世界大战的间谍。当他们不幸被抓到时，这3个步骤可以有效帮助他们。如果他们完全否认一切，只会使敌军的审讯者更加用力审讯。因此，当他们被审讯时，会说出一点小秘密来向审讯者作出让步。例如，他们曾去找过已经结婚的前女友，或曾经偷拿好朋友的东西，然后要求审讯者替他们保守秘密，这可以让对方产生共谋的感觉，也可以避免敌军严刑拷打。如何将这个方法用在生意场上？

"如果你保证不告诉别人"

哈利卖的是豪华游艇,他说:"亲爱的客户,既然我们已经这么熟了,我必须告诉你一个秘密,这艘新型游艇其实有一点小小的瑕疵,就是它的音响设备没有升级。原本的船主似乎还没注意到这一点,如果你保证不告诉别人,我愿意以最低价格卖给你。"

查理是一个销售经理,他的一个重要员工拿着辞职信来找他,而他也是使用这个技巧留住了他。查理说:"弗里德,我完全了解你现在的感受,如果你愿意保守秘密的话,我就告诉你个中的缘由,好吗?希望你不要随便说出去。"

弗里德好奇地向前倾,就像是共谋者一样说:"你放心,虽然我就要离开了,但不代表你不能相信我。"

查理接着说:"我曾经离开过这家公司一次,但我从来没有告诉别人这件事。当时,我可以说是这个地区最顶尖的销售员,所以公司的竞争对手经常用高额的佣金和新款的轿车来吸引我跳槽。我真的跳槽了,以为可以将老客户都带到新公司,并且提供同样水准的服务。"

"我那时还真蠢。没错,我的客户都很喜欢我也很支持我,但是我发现他们比较喜欢前公司所提供的产品,而我又无法改变新公司的产品,所以当公司再度招募员工时,我就回来了。很高兴这家公司给了我第二次机会,如果不是这样,我也不会有今天的成就。弗里德,希望你不要犯下和我一样的错误。"

这个技巧的关键是什么呢?秘密的分享永远都比较具有说服力。如果你要说服其他人相信某件事情,但是又很害怕他们不相信时,你可以选择这样说:"我不应该告诉你这件事的,但是我必须要这么做。"

秘密的威力

在大型企业工作的人都知道秘密的威力,有的人精于利用这招,以达到升职加薪的目的。企业的茶水间,可说是八卦消息传播的最佳场所,同事们经常在那里互相耳语、交换秘密,例如大卫说:"约翰,我告诉你一个秘密,可不要说出去。"

约翰一定会兴奋地想知道大卫的秘密,却没发现大卫之所以告诉他,是因为知道他一定会四处宣扬。约翰一定会说:"你又不是不知道我这个人,放心!我一定不会说出去。"大卫接着说:"我真的不应该告诉你,这是非常机密的事。对不起,我还是不要说好了。"

大卫这么一说,约翰会更疯狂地想知道这个秘密,他鼓励大卫:"你说嘛!我绝对不会说出去半个字,我保证。"大卫就说:"好吧,我相信你。事实上,我想问你一件事,有人跟我说,我即将被升为业务部的副总裁,你有没有听说过?"

约翰顿时瞪大了眼睛,回答道:"没有,我没听说过这件事。但是我可以帮你问问看。"大卫立刻说道:"不要!千万不要去问别人,你不是刚向我保证绝对不会告诉别人这件事的吗?"

事实上,公司内根本就没有关于升迁的谣言。可是很快就有了,而且不出一天,全公司上下都在私下讨论大卫是否要升职的消息。最后,高层就会有人跳出来说:"我最近常听到关于大卫·史密斯要升为业务部副总的谣言,你们是否有人听说过这件事?"

其他人可能会说:"我们没有正式接到这个消息,但是每个人都在讨论,搞不好是确有其事!话说回来,他在公司的表现很好,我想这是他应得的。"很快,大卫就如他所愿地升为业务部副总裁。

美国的开国元勋们都具有非凡洞察力。在制定宪法时,他们就主张保证言论自由。越是刻意禁止某项行为,人们越是想去做。

陪审团认定什么是秘密信息时,审判就会面临一种困境。在审判中,律师常常会故意说出一些根本不值得陪审团思考的问题或信息。这时法官可以做两件事:声明审判无效,或告知陪审团忽略这项证据。后者会产生一个问题,即法官陷入和陪审团对立的情势,因为秘密告知的信息会让人觉得比较可信!

芝加哥大学法学院曾进行过一个调查,教授从陪审名单中选定陪审员,请他们决定某件伤害诉讼案应该赔偿的金额。当律师说明被告有保险时,他们判定的赔偿金额会比一般标准要高出13%,但当法官告知陪审团不要理会这个消息时,赔偿金额比一般标准要高出40%。

很显然,分享一些机密信息给客户非常具有说服力。很显然,和客户分享秘密可以让他更信任你,如果你真想吸引客户的注意力,不妨告诉他:"我很想告诉你一个秘密,但是又怕惹上麻烦。"我敢保证,只要这话一出口,他一定会立刻竖起耳朵,听你说话。

第一部分 销售是一场说服竞赛

1. 让客户和你合作的神奇 3 个步骤：说出你心里的秘密、忏悔及请求帮助。

2. 秘密的分享永远都比较具有说服力。如果你要说服别人相信某事，却又害怕他们不相信时，你可以这样说："我不应该告诉你这件事的，但是我必须这么做。"

3. 越是刻意禁止某项行为，人们越是想去做。

| 第 8 章 |

用公众符号背书

在尝试说服客户时，让他的脑中浮现非常愉悦或温馨的事情，效果会如何？会不会让客户更容易接受我们说的话？当然会！说服高手总是用这一招引导客户的想法。只要我们能成功将某事和其他美好的事物联系，人们在思维里就很难将两者分开，这就是关联的力量。

借助名人效应

歌手罗伯特·古利特（Robert Goulet）指出，在他早年的歌唱生涯中，要不是埃德·沙利文（Ed Sullivan）成功地在人们脑海中塑造出他来自加拿大的形象，他很难在竞争激烈的歌坛迅速走红。他自嘲道："当年，在全国电视台中，沙利文再三强调我是来自加拿大的歌手，连我都开始怀疑自己到底是不是加拿大人了。"

被誉为"西方经营之神"的哈罗德·杰宁（Harold Geneen）也有类似经验。他公司一个总经理曾告诉我，当杰宁买下他们公司时，他们因为杰宁的高知名度而饱受困扰，而且也不知道该如何和这个新来的大老板互动。他说："杰宁那时丢给我一个问题，我不知道答案是什么，却没有勇气告诉他说我不知道，所以就告诉他一个推测的数字。之后，当我回去仔细研究时，发现自己错了。当杰宁下次来公司巡视时，我告诉他这一切，并且告诉了他正确的数字。杰宁非常大度，但他还是更认同印象中那个数字。"一旦杰宁听到一个数字及其背后的统计原理，他就很难再将两者分离了。

那么，我们如何运用关联的力量来说服别人呢？我们身边就有不少例子，看看电视里请名人代言的广告吧！青少年们穿着迈克尔·乔丹（Michael Jordan）代言的运动鞋，或喝他代言的饮料绝非巧合，如果你看到你的女儿最近老爱穿露肚脐的衣服，这或许是受某个女明星的影响。

纽约的内衣协会曾经邀请我去演讲，他们告诉我，麦当娜·西科尼（Madonna Ciccone）一手挽救了内衣市场，因为当年她掀起了内衣外穿的风潮。耐克（Nike）在泰格·伍兹还没赢得第一个专业高尔夫锦标赛冠军前，就以1亿美元的天价签下他作为品牌代言人。

有些品牌并不需要这么做，因为其产品本身在消费者心中已经有了保证，但他们仍愿意砸下大把钞票请名人来做广告，是因为他们知道消费者很难将产品和代言的名人分离。有了名人代言，产品会变得和名人一样令人感到亲切、友善、性感等。

另一个例子是，当球迷所支持的球队获得胜利时，球迷如此紧密地和球队联系在一起，他们高喊："我们是第一名！我们是冠军！"但我敢说这时球员心里一定会想："老兄，你们凭什么高唱'我们是第一名'？去年我们输球时，你们在哪里？"

当你所支持的橄榄球队或棒球队好不容易打进超级杯或世界杯，最后却不幸败北时，一定会在电视新闻中看到球迷对着摄影机大喊："我们原本有机会赢得冠军，他们却搞砸了一切！"

看看当地广播电台的例子吧，你有没有发现，每当最热门的歌一放完，他们就会报出电台名称？电台的节目总监是刻意让人们对

电台产生正面的情感联系,以后只要你听到电台名字或节目,就会不自觉地产生好印象。

成为客户的美好记忆

销售员也可以将关联用在交易上。举例来说,人们在从事享受的活动时,比如打高尔夫球、滑雪或搭乘游艇,对于一些提案会有比较善意的回应。

我记得曾经有一个销售员试图用这个方法来和我谈生意,却因为计划不够周密而弄巧成拙。他邀我到加利福尼亚州橘郡(Orange County)一个非常漂亮的高尔夫球俱乐部打球,很多人都知道,高尔夫球场是一个和潜在客户建立关系及友谊的绝佳地点,如果运气好的话,我将会把这个销售员及他的公司和打球的愉快经验相联系。但很不幸,他选错了球场。这个球场的困难度实在惊人,远超我的球技。我打得一塌糊涂,最后的结果可想而知了。

我努力告诉自己,一切都是我的问题,和这个销售员无关,但我很清楚,每当我想起这个销售员或他的公司,就会想起那天在球场上的不快经验。我想,世界上没有一个销售员希望这样对待他的客户,所以,除非你确定你的客户是个高尔夫球高手,不然就请你挑选一个大家都可以愉快打球的球场。

在我和客户达成交易前常常会想:"如果将客户带到我的游艇一定很棒!"游艇看来也是个绝佳的销售场地,你想想:阳光灿烂,乘着游艇漂浮在海面上,桌上摆着美食佳肴及香醇美酒。这样的情境是不是既悠闲又享受?更重要的是,客户再怎么神通广大也不可能离开这艘船。

这一切看起来是如此完美,但你还必须注意一个关键,那就是客户会不会晕船？如果会的话，美好愿望将瞬间变为悲惨的经验。

很多销售员会请客户吃午餐，但出发点却不见得正确。就像我在本书第 3 章中提过的，请客户吃饭的确可以在他们心中激发愧疚，但这不应该是你请客户吃饭的唯一理由，因为他肯定也负担得起一顿饭钱。你请客户吃饭，是因为那是一个绝佳机会，让客户将你和一顿愉快的午餐联系。这也是为什么精明的生意人愿意花那么多钱和客户吃饭，因为除了可以激发客户的愧疚外，也可以将美好的用餐情绪和你的提案联系。

我很惊讶心理学家过去对于这个原则的误解。随便一个销售员都可以告诉你，在和客户用过午餐后比较容易达成销售。"酒足饭饱的客户比较愿意购买"可说是销售员的标准信念，从来没有人质疑过这个方法的效果。

好奇的心理学家做了很多研究并得出结论：人们分散注意力时，比集中注意力时更容易被说服。1964 年，利昂·费斯廷格（Leon Festinger）和内森·麦科比（Nathan Maccoby）提出了这一点。后来一些研究陆续指出，在什么情况下，注意力分散的效果会达到高峰。

学者们指出，"美食"和"性"是最有效的分散注意力的方法。当你想要说服某人时，不妨选一个好餐厅，这样要比让对方专心听你说话来得有效。或者说，你也可以带一个美丽的助理和你一起去，这样也可以帮助你分散他的注意力。相反，如果你是用令人不悦的事物来分散注意力，说服效果将大大降低。

对我而言，客户和这些分散注意力的事物如何联系，是再清楚不过的事。如果它是令人愉悦的分散注意力对象，例如美味的午餐，客户就会将你的提案和午餐产生的愉悦感联系，使你更容易达成销售目的。

说服高手知道如何安排一场完美的午餐。试想，你要约一个重

要客户一起吃午餐，可是不论你事先筹划得多详细，在用餐过程中总会出现一些令人失望的意外。例如，到了餐厅后还要等服务员清理桌子（令人失望），坐下后服务员很快送上高级红酒（令人愉悦），点菜时却发现想要的餐点已经卖完（令人失望），等等。

说服高手永远只在用餐过程中令人愉悦的时刻，谨慎地提及他们的公司或产品。当令人失望或尴尬的时刻发生时，就不要再叨叨不止了。你会惊讶地发现，将你的信息和一些愉悦时刻联系，可以在人们的潜意识中建立多么正面的印象，进而增加你的说服力。

看看汽车行业是如何在电视广告中利用这个技巧。你是否曾经看过汽车广告呈现交通高峰时刻的拥塞场景？几乎没有，对不对？汽车广告总是将场景放在辽阔壮观的山路，让人感到驾驶那部车的感觉就像是一只自由自在的小鸟，而驾驶车子的人也绝对是帅哥美女。

聪明的销售员知道如何在消费者心中描绘出使用产品将带来的美好感觉。人们花上3万美元购买滑雪设备，绝不是因为它的高科技材料或功能，而是人们要享受那种站在山头俯瞰四周，瞭望早晨美景的感觉。

有的人不想买旅行车，只是因为想省钱，如果他们愿意买，必定是因为想要驰骋在原野和湖边，享受清新纯朴的自然风景。

总而言之，说服高手知道如何在客户心中将他们的信息和一些美好的体验联系。

第一部分 销售是一场说服竞赛

1. 只要我们能成功将某事和其他美好的事物联系，人们在思维里就很难将两者分开。
2. 聪明的销售员知道如何在消费者心中描绘出使用产品将带来的美好感觉。

| 第 9 章 |

言行一致是吸引客户的关键

如果你的言行举止表现出一致性，客户会更容易被你深深吸引。你只需花几秒就可以学到"一致性"的概念，但若要完全激发其力量，需要花一生的时间来践行。

人为什么会如此尊重这项特性呢？对一致性的需求，始于人们强烈地想要将所处环境建构成一个可预知的世界。人最基础、最强烈的需求就是生存，其可以凌驾其他生物的主要原因，就是能够成功生存并不断繁衍。当被逼入困境时，人会试着接受它、改变它。

人类另一种强烈的天性，就是需要安全感，因为安全感是确认人类可以持续生存的一个重要直觉。想象你不幸发生海难，漂流到一个荒凉的无人岛，你的第一个疑问一定是能否在这个小岛生存？这里有足够的食物和干净的水吗？当确认至少在短时间内可以生存下来后，你必定会考虑到如何持续生存下去。你会找出一个方法来储存雨水，不用跑老远去喝水。你可能会盖一个小屋来居住，除了可以储藏食物，还可避免被其他动物攻击。

身处于无人岛时，我们可以清楚看到人们对"生存"和"安全"的需求。在现代社会中，这两种需求会驱使我们去追求"一致性"及"可预测性"。为了不用每天去找食物来喂饱自己，我们会在冰箱里储存大量食物；为了不需每天想办法赚钱，我们倾向在固定的公司上班或以固定方式赚钱，以确保有可预期的收入来应付生活。

因此，在人们心中，"一致性"和"生存""安全"有着同等重要的地位。如果世界呈现稳定的一致性，我们就会有安全感；而在面对不一致的人或事时，我们就会缺乏安全感。所以，我们都会希望周围的人言行一致，而我们也比较容易被言行一致的人说服。

著名心理学家亚伯拉罕·马斯洛（Abraham Maslow）将"一致性"视为人类生存需求中高等级的一项需求，他提出了著名的"需求层次"理论，其中包括4项：

1. 生存需求。
2. 安全需求：确保得以持续生存的需求。
3. 社交需求：和他人互动的需求。
4. 自尊需求：获得他人尊重的需求。

之后，马斯洛又发展了以下3项需求，这7项需求形成了一个需求金字塔：

5. 认知需求：了解、认识的需求。
6. 美的需求：追求美与一致性的需求。
7. 自我实现需求：实现抱负或才能的需求。

人类的认知需求非常强烈，因为我们无法忍受在谜团中生活，总是想要知道究竟发生了什么事。人类花了数以亿计的经费，想上火星去一探究竟，就是为了了解那里到底有没有生物存在。如果你将一只牛放在一片草原上，除非你主动去牵它，否则它一生都会待

在那个草原，永远不会想知道山坡的另一边有什么。

我们对于美的需求表现在会被美且均衡的事物吸引。我们无法忍受一幅画不整齐地挂在墙上，天生就觉得要挂正了才好看。而我们对于一致性的需求如此强烈，是因为它将美的需求微妙地与生存需求联结起来。

人对一致性的需求会产生非常惊人的力量，说服高手可以驾驭这个力量，从而在客户身上得到他们想要的东西。

谁是真正的英雄？

还记得电影《桂河大桥》（*The Bridge on the River Kwai*）吗？这部电影贯彻始终的精神就是对一致性的最佳诠释。这部电影是大卫·里恩（David Lean）改编自彼埃尔·布勒（Pierre Boulle）的小说，内容是第二次世界大战期间英军在亚洲丛林里被俘的故事。亚历克·吉尼斯（Alec Guinness）在电影里扮演一个英国军官。

电影基本上是依据真事改编的，但为了增加可看性也不免有所增减，其中有一段情节是日本人要穿越边境到泰国这个中立国的境内，并由战俘来建构一条支援线，因此强迫英军修建一座桂河大桥。

这部电影令我十分惊奇的一点是，大卫·里恩在1957年拍摄这部电影时，距离事件发生不过15年的时间，但电影播出至今已经有数十年的光景。大卫·里恩拍摄的地点距离斯里兰卡很远，但多数人到那旅游时一定会去那座桥参观。

为什么这座桥会产生这种特别的魅力呢？我想，部分是因为这部电影生动地描绘出人类一个最重要的特性———一致性。

开始时，英国陆军上校拒绝让他的弟兄帮日本人建桥，因而受到了难以想象的严刑拷打。对日本人来说，这座桥至关重要；但对英国军官来说,这违背他一贯的态度。最后,这位军官终于被日本人所提出的理由说服:建造这座桥可以帮助英国军人重振士气。军官手下的士兵认为这是上级的一个计谋,企图让他们这些老弱残兵来破坏日本人造桥的进度与质量,他们显然没有理解这位英国军官的真正目的。他为英国鞠躬尽瘁,一生都待在军中并且为英国奋战,为日本人造桥显然违背他的忠诚,但无论如何,这样的决策有助于军队的士气。于是,他要求士兵造出一座让日本人刮目相看的桥。

因此,就有了一段英国被俘士兵帮助敌军造桥的历史,后来,当逃脱的士兵威廉·霍尔登(William Holden)回去炸毁桂河大桥时,是吉尼斯要他来炸毁桥的吗?绝非如此,如果可以的话,我想吉尼斯一定会阻止霍尔登炸毁"他"的桥。

这里有一个非常有趣的问题值得思考:在这部电影中,谁是真正的英雄?是那个冒着生命危险来摧毁大桥的军人,还是教唆军队造桥的英国军官?很明显,由亚历克·吉尼斯扮演的英国军官才是英雄。为什么?因为我们尊重言行一致的人,讨厌飘忽不定的人。毋庸置疑,言行一致的状态会让客户更加信任你。

没有客户喜欢飘忽不定

在我们心里,一致性获得的高度评价通常等同于聪明以及个人优势,如果一个人的言行举止看起来是那么具有一致性,我们常常就会因此忽略很多小节。温斯顿·丘吉尔(Winston Churchill)是个争强好斗的人,他想在第二次世界大战之后趁机掌控整个大英帝国的野心虽然不合时宜,甚至可能导致无政府状态,但人们还是喜爱他并尊敬他坚毅的信念。

另一个例子是美国前总统哈里·杜鲁门(Harry Truman),人们对他敬爱有加，也就不太在意他爱说刻薄话的习惯及易怒的火暴脾气。

美国前总统约翰·肯尼迪（John Kennedy）的发言总是壮阔得像个20世纪的开拓者，正带着美国民众前往下一个世纪。他完美地呈现出一致性的标准与立场，可说是实践一致性的最佳典范。后来罗伯特·肯尼迪（Robert Kennedy）竞选总统时，曾试图学习他哥哥的理念与一致性，他当时的竞选口号是："有人爱用过时的眼光看待事情，然后问为什么；我喜欢用崭新的眼光看事物，并问为什么不。"

罗纳德·里根（Ronald Reagan）是20世纪美国最受民众热爱的总统之一，他非常出色地展现了一致性的力量。正因为如此，他的特立独行被人民所接受。国际上明文禁止暗杀外国领袖，里根却命令美国空军将2000多发炮弹投在奥马尔·卡扎菲（Muammar al-Qaddafi）的帐篷上，但民众还是敬爱他，因为他的行为具有一致性。他的一举一动都表现出他是怎样的人，他也确实实践了这个形象。但是当他透露愿意和伊朗谈判，以换取关在黎巴嫩的人质获得释放时，其支持率下滑到最低点——因为不久前他才告诉大家，他绝对不会同意谈判。

美国参议院花了5000万美元针对这件事举行听证会，仍无法证明里根总统的做法是否正确，但民众表现出完全对立的态度。民众喜欢他展现出强硬的手腕，就算是把卡扎菲送去另一个世界也在所不惜，但他们不喜欢他为了人质而答应退让时所展现的不一致。

现在让我来告诉你，如何运用一致性来达成交易。

我们喜欢并且敬仰他人的一致性行为，同样，别人也希望我们能做到言行一致。如果我们能够建立属于自己的原则，尤其是表现在我们可能会因此遭受损失时，就能在客户心中建立信任，进而相信我们。

假设你是一个电脑销售员，你鼓起勇气告诉客户："价钱应该是你的首要考虑,然而,只要所选择的东西符合你的需求也很好。但现在的状况似乎不是如此,因为其实你最想买的是硬盘容量更大的型号,所以很抱歉,我不能卖你这台电脑!"

我敢说客户一定会爱死你!前提是你要先做好功课,并且对客户有充分了解,就能对客户产生一股强大的支配力量。一旦你放弃这个原则,他们将永远不再尊敬你。

如果你的医生说"你需要做心脏三重分流手术",结果你说"我想双重分流手术就可以了吧",如果医生接着说"好吧,那么我们就试试看做双重分流手术会不会有效",这时,你还会觉得这个医生值得信赖吗?你还敢让他帮你开刀吗?

美国前总统吉米·卡特(Jimmy Carter)下台,就是因为他的不一致性。虽然他是美国史上最和善的一位总统,也是最努力甚至最聪明的白宫之主——别忘了,他可是学核物理的,然而,他却总是无法说服美国民众,因为他在各种议题上总是犹疑不定。人们质疑他是否足够强硬,如果情况不如预期顺利,他是否能够坚持到底?

举例来说,卡特在处理美国是否应该给伊朗国王发入境签证的问题上,就犯了摇摆不定的错误。当伊朗国王开始流亡后,他住在墨西哥南部阿卡普尔科(Acapulco de Juárez)的一栋漂亮别墅里。后来,他身染重病,请求美国政府给他签证以便到美国接受治疗。一开始卡特拒绝了,因为他害怕遭到伊朗的反对,但后来他又改变主意,发给伊朗国王签证,并安排他到纽约的癌症治疗中心就医。卡特的作为在伊朗激起强烈的反美声浪,使得卡特再度改变心意,转而安排伊朗国王到巴拿马就医,以示安抚。

我认为,如果里根总统遇到同样的情况,他绝不会这么做。里根从不会瞻前顾后,他总是果断作出决定,并坚持到底。例如,当年亚西尔·阿拉法特(Yasir Arafat)应邀到纽约参加联合国例行大会,里根就拒绝发给他签证。假如你是里根，你将如何面对联合国成员150票赞成、2票反对这种做法的表决结果（其中1张反对票来自美国）？最后，因为里根的强硬态度，此次会议不得不改到日内瓦举行。当你在处理这类事情时，是否会倾向用另一个角度来思考？事实上，你必须果断作出决定，然后坚持到底。这样可以展现你坚持原则的一致性，而这正是说服他人的有力条件。

在乔治·布什（George H. W. Bush）任职总统的前几年，他对于大小事情都秉持一贯的原则与立场，受欢迎的程度一直居高不下。例如，他坚决反对调整税制，并且明确表示："就算国会要通过新税法，我也会明白告诉他们'我不答应！'如果他们重新审议后还是决定通过新税法，我也一定会再次告诉他们'我不答应！'"

很多美国人民尊敬作风强硬的老布什，但是当他放弃坚持不涨税的立场后，人们开始讨厌他，他的支持率在一夜之间从80%掉到45%。

接着发生了海湾战争，老布什打了一场漂亮的胜仗，他表现出的一致性令人不得不服。没有人可以比他更强硬且言行一致地面对萨达姆，而人们就是喜欢这样的老布什，所以他的受欢迎指数再度上升到90%。

后来，他面临了库尔德难民的议题，有一天他说："我不会派遣美国部队到伊拉克，因为这场战争将永无休止。"这是很棒的主张，应该坚持。但隔天他却改变主意，并派遣部队进军伊拉克北部，他的受欢迎指数立刻下降到50%。

这些例子说明了什么？人们想要跟随有言行一致的领导者。

如果你是一个销售经理或销售员，我要告诉你一个绝对可以增强公司销售能力的秘诀。你可以将公司里的销售员聚集在一起，告诉他们："各位，我们公司能在市场上屹立不倒，是因为我们秉承了一致标准。你们一定要依照这些准则来行事,千万不要前后不一。"当然,除了让大家达成共识外,你还得身体力行,做个好榜样。

人都不想被没有原则的人所影响。说服高手深知"一致性"的惊人力量。如果你能了解客户在生活中对"一致性"的强烈需求,就知道该如何运用"一致性"来影响他们的行为;如果你可以在各方面都表现出一致的立场与态度,客户一定会更容易被你说服,并且听从你的建议。

1. 在我们的心中,"一致性"和"生存""安全"有着同等重要的地位。
2. 对一致性的需求,始于人们强烈地想要将所处环境建构成一个可预知的世界。
3. 如果我们能够建立属于自己的原则,尤其是表现在我们可能会因此遭受损失时,就能在客户心中建立信任,进而相信我们。
4. 人都不想被没有原则的人所影响。

第10章
促使客户承认定位

心理学家用"联结"（Bonding）来形容母亲第一次接触到初生婴儿时的感觉，妈妈和婴儿从那一刻起产生了一种无形的联系，而该联系将伴随彼此终身。

说服高手所指的"联结"，就是让某人答应或承认某个定位。如果我们可以使某人认可某个定位，就可以据此在他们的需求上建立并维持互动的行为模式。人们会借助一些印象来和他人联结，例如："我一向都认为你是个公正的人，我想你应该也这么认为吧？"先让对方承认这一点，未来他将公平地待你，很难对你做出不公平的事。

"哈利，你相信'双赢'的可能性吗？如果我帮你赢得了什么，你是否也愿意让我获得一些好处？"如果他也同意，就能让他和这个承诺联结了。

口头承诺是强化行为的有力工具。如果人们依照你的意愿行事，你就极力称赞他们。你是否认为这样足以左右人们的行为？霍林斯大学（Hollins University）有24个心理学专业的学生想要实验一下，赞美是否可以改变女同学在校园的穿着？他们称赞每个穿着蓝色衣服的女生，结果显示，过了一阵子，校园里穿着蓝衣服的女生比例从25%跃升至38%。接着，他们改为赞美校园里穿红衣服的女生，

结果校园里穿红衣服的女生多出一倍。

当你慢慢让对方和某个定位或事物联结后，就比较容易说服他。你终将发现这个方法的实际效果有多惊人。当然，不要利用这种方法让别人去做违法或不道德的事。

在电影《华尔街》（*Wall Street*）中，迈克尔·道格拉斯（Michael Douglas）就是利用这个方法来使查理·辛（Charlie Sheen）靠内线消息进行非法勾当。如果你看过这部影片，可能还记得查理饰演一个华尔街的证券交易员，想尽办法要和迈克尔做生意。有一次，他告诉迈克尔，有一家航空公司即将摆脱美国联邦航空局对于失事的调查，现在进场买它的股票正是时机。于是他帮迈克尔买进了许多该公司的股票并成为大股东，但是他没有告诉迈克尔，他的消息来自他爸爸，而他爸爸正是该航空公司的员工。后来迈克尔发现了这个事实，并提醒他这么做犯法，这使得查理和一个不好的形象联结在一起。迈克尔接着就利用了这个联结，让查理去帮他探听他想接管的公司的财务状况，并伺机进场收购股票。一开始，这遭到查理的反抗，但迈克尔却让查理认为，他是做得出犯法行为的人。

要不是迈克尔在尝到甜头后，就试着说服查理成为一个内线交易者，他后来也不会那么成功。当成功让查理和某个形象联结后，迈克尔就完全掌控了他。

部分同意是个好开端

如果你在初期无法得到对方的承诺，也不用太担心。只要让客户同意你的部分要求，就能让客户和一个新的自我形象联结在一起，最后就可以获得成功。

假设你是一个售卖办公家具的销售员，通过达成延长维护期的服务合约，你将能得到非常丰厚的奖金。一开始，你可能很难说服客户签下这个合约，客户可能会说："我知道延长维护服务年限可以为你带来更多的利益，但我们是一家大公司，实在不能冒这个风险。"你可以先退而求其次，让客户签下原先同意的一年期的维护合约。

然后，在你离开之前，要鼓起勇气说："我们是不是可以用另一个角度来看延长合约这件事？我真的觉得这个方案非常适合贵公司，这无关财务问题，而是它的确可以做到高品质的维修保养。如果你的设备还在维护期内，只要一个电话我们就会立刻前来服务，而且还完全免费。此外，我们还将定期保养所有设备，让它们能维持更长的寿命。"

这个客户刚答应花一大笔钱购买你的办公室设备，而你就要靠这一点来进一步加强联结。接下来你要说："如果你觉得我说的这些事很重要，为什么不这么做呢？"

只要人们和某种行为模式联结在一起，就会滋生一种精神动力来强化他们的决定。即使他们一开始不愿意接受某个意见，最后也会被联结的力量改变。所有销售员都会犯一个毛病，在明明可以得到一整块饼时，却因为不得要领而只拿到半块。很多时候，只要多一份努力，就算客户一开始只答应了部分条件，最后还是能通过联结的力量让他接受全部条件。

和投资心理联结

让我告诉你一个联结如何使人们更加肯定之前决定的范例。加利福尼亚州的人对于乐透彩相当热衷，有一期的彩金已经累积到3900万美元。到了开奖那一天，平均每秒卖出5000张乐透彩券。得到头彩的几率是1∶1400万，但当时似乎没有人在意这一点。

我有个一起打高尔夫的球友，他买了50美元的彩券。我试着要买下他的彩券，但是他拒绝卖给我，就算我出价到150美元他也不愿意。即使他还有时间可以再去买新的彩券，而且可以从我这里净赚100美元，他还是不愿意卖。

这就是赌徒的迷信，在还没买彩券之前，对于花50美元去赌赌自己是否能赢得那微弱的机会，我相信我的朋友也曾经历一番挣扎。然而，当他作出决定并付诸行动后，他的心里就和那个决定联结了。他拒绝了100美元的净利润，你可以想象得到，他一定比买彩券之前更加认可自己的投资。

当你要说服他人时，不妨考虑运用上述这个原则。无论你是一个负责销售产品的营销人员，还是一个负责说服、管理销售员的经理，只要你得到对方初步的首肯，记得告诉自己："现在这个人比刚见面时，更加确认了这个决定。我可以开始谨慎地延伸其他需求，就像在蛋糕上撒上最后的糖衣一样。"

如果你在一家大公司上班，可以去看看公司每年的营运报表，比较一下净利润和总收入。幸运的话，你的公司可能有比营业目标底线高5个百分点的盈利——这利润率实在不高。问题很有可能出在销售员向客户销售了第一个产品之后没有乘胜追击，导致营收减少，而你要摊销相当高的推销成本、固定生产成本及营销费用。只有让单一客户多买几种产品，或者重复购买，固定成本的投资回报率才会提高，利润才会增加。

在鞋业有这么一个说法：当你从生产者那里买12双鞋时，就算你卖掉11双鞋还是亏本，只有卖掉12双鞋（而且不打折），营收和成本才能打平。如果你在超市买了2000元的东西，并付给帮你提东西到车上的服务员50元小费，那么这个服务员的利润率比这家超市高得多。

让我们再回去看那个销售办公室设备的销售员，他只要卖出一件产品或一份服务合约，可能只会赚到微薄的利润，甚至只能打平成本。这时候，为什么不趁着客户愿意签下合约的那一刻，进一步推销更多适合客户的产品，以取得更多的收益？

避免直接否定客户的决策

当你试着让客户和跟你做生意的决定相联结时，请记住，他和原先的供应商已有了某种程度的联结。你必须小心避免直接破坏他先前的决策，如果你说"我的产品比你现在用的某某牌子还要好"，这就等于质疑客户的能力，否定了他过去的决定。我建议你采取更礼貌的方式，你可以说："我觉得10年前你决定和某某公司合作，真是个明智的决定。但现在的时代瞬息万变，应该有更多更好的合作对象适合贵公司。"

为什么有些公司会用征文的方式，要求消费者用25个字来说明："你觉得这个番茄酱或土豆片，为什么被认为是所有品牌中最独特的一个？"业者根本不关心这一点，事实上，他们也不期待消费者会说出一些广告公司都没想到的精彩文案。实际上，他们正是在利用联结的力量。如果成百上千个消费者投稿表示喜欢这个产品，他们就已经和自己所书写的内容联结在一起，往后他们会因此对该产品产生持久的偏好，并且购买该产品。

让客户公开表态

你要如何让客户和你的产品联结呢？当然，让他向你购买产品是一种方法，但还有另一种方法效果更好，就是让他推荐其他人。

在进行销售时,要求客户给你推荐一些潜在客户——我敢说这是最完美的发掘客户的方式。

你可以请客户给你一些人名,请他打电话给那些人,向他们推荐你的产品。这的确是增加潜在客户及促进销售的好办法。然而,这个方式背后还有一个非常重要的好处:让客户公开推荐并支持你,此后他将难以改变对你的态度,心中也将永保支持你的意念。

心理学家奥维尔·莫勒(Orval Mowrer)和卡尔·霍夫兰(Carl Hovland)曾做过一个实验,并将实验结果发表在《美国心理学家》(*American Psychologist*)季刊上。他们请了100个高中生参与研究,让他们听一场关于"支持降低投票年龄"的演讲。接着,他们请这些高中生写一篇短文来表达自己对该议题的意见。莫勒和霍夫兰告诉其中一半学生,他们的文章将被刊登在校刊上;而另一半学生则被告知,他们所写的文章将被列为机密,决不会对外泄漏。

之后,他们再请学生听一场有关"坚决反对降低投票年龄"的演讲。结果发现,那些以为文章会公开发表在校刊上的学生,对于该议题的态度几乎没有什么改变。但是那些认为自己先前写的文章不会被公开的学生,在听过另一个立场的演说后,大多数都改变了他们对该议题的态度。还有很多研究都证明,只要你能让人们公开表态,他们很少会再改变自己的态度与立场。

第一部分　销售是一场说服竞赛

1. 如果我们可以使某人认可某个定位，就可以据此在他们的需求上建立并维持互动的行为模式。
2. 当你慢慢地让对方和某个定位、形象或事物联结后，就可以说服他们做任何事。
3. 只要人们和某个行为模式联结在一起，就会滋生一种精神动力来强化他们的决定。一旦客户认同了你的提议，在和你产生联结之后，你要再加把劲来促使他们多加消费。
4. 趁着客户愿意签下合约或点头成交的那一刻，鼓起勇气进一步推销更多适合客户的产品，以取得更大的投资效益。
5. 请客户推荐一些潜在客户，并帮你打电话向他们推荐你，通过公开的支持方式让客户和你紧密联结。

| 第 11 章 |

说服一群人

最令销售员感到紧张的挑战,是向客户所成立的评鉴委员会递交提案。请放心,作为一个有着20多年经验的专业演说家,我自有一套说服他们的方法。

在本章中,我将教你我从过去的个人经验及研究中所学到的说服大众的技巧,以及向评鉴委员会递交提案时应该注意的一些地方。

他们为什么在这里?

要想说服评鉴委员,就要先了解他们为什么会在这里。他们是出于主动,还是被要求出席的吗?举个例子,管理层可能会告诉评鉴委员,不管是否愿意,他们都一定要出席会议。这时,评鉴委员可能会对你抱有敌意,因为他们压根不想参加这个会议。反之,评鉴委员如果是自愿参加,就会更愿意聆听你的提案。

这代表什么呢?很显然,如果你的听众都是自愿参加,他们就会对你比较友善,这一点对于说服者来说非常重要。很显然,如果你的听众自愿参与,你几乎可以认定他们已经准备要接受或相信你说的话。

一个民主党的演说者在发表演说，你觉得谁会去参加这场演讲？不用说也知道，一定都是民主党员，因为他们早已接受了这个演说者的立场，包括他即将发表的言论。即使民主党演讲者真正想要沟通的对象是共和党员，他们也不会轻易出席。

你觉得谁会去参加"家长教师协会"举办的会议？大都是那些成绩不好的学生家长才会去参加，因为他们才是可以从这个会议中得到帮助的人。至于那些品学兼优的好学生，家长根本没有教育孩子的问题，也就没有参与这种会议的需求。

你猜，某款特定车型的广告受众群都是哪些人？事实上，大都是那些已经拥有该款车的车主，而不是广告主砸下大笔资金希望触及的潜在购买者。这也是为什么电视是一种具有强大威力的广告媒体，它可以接触到每个听众，而不只是那些对你产品有兴趣的人。

这种现象会发生，是因为人们都喜欢待在自己习惯的舒适区。如果可以选择，人们显然更愿意去听一个观点为他们所认同的人演讲，而不是去听一个立场截然不同的人演讲。

所以，作为一个身兼说服责任的演讲者，首先必须知道：这些成员前来参会是出于自愿还是被迫？如果出于自愿，你可以令他们比较容易相信你，不用顾虑在发表过程中会有对立的观点抨击你，也不用担心要如何改变他们的态度。你只需将注意力集中在如何促使这些人开始行动，你可以清楚地告诉他们，你希望他们怎么做。

提出强力论点的时机

你比较偏好将说服重点放在开场，然后再举出例证来呼应论点，还是将最有影响力的关键放在最后呢？说服技巧的研究者称之为"最先或最后"。

你一定也思考过这个问题。所有研究都指出，人们总是对于最先或最后听到的论点记忆更深刻。所以，最重要的论点不论是放在开头还是结尾，都是不错的选择，依照你既定的方案执行即可。就像你在写一封信函时，信的开头与结尾一定要非常打动人心。如果你要写一本书，开篇和结尾一定要让人印象深刻。

如果只有20分钟向评鉴委员会提案，你是一开始就用最佳论点令他们眼睛一亮？还是让他们在结束的前一刻，为你的压轴论点感到兴奋，并趁此鼓励他们行动？这得视你的听众特性而定。这也是为什么你在提案或演讲之前，一定要搞清楚这些听众是自愿参加还是被迫到场。

如果你的听众很友善，并且早就有相信你的心理准备，我建议你将关键论点放在压轴，因为他们会有足够耐心听完整场演说，将关键的论点放在最后比较能引起他们的共鸣，促使他们行动起来。

如果与会者事先并不相信你要提出的论点，或者因为被迫出席而态度不友善，那你最好将你的论点在演讲开始时就大胆说出来，因为你需要一个强效的注意点，来吸引听众的兴趣，让他们听完你的整段陈述。你可以说："你们或许不喜欢我今天演讲的主题，但总得有人鼓起勇气来谈谈。如果我们今天不谈，并采取一些应对措施，这个公司将暴露在巨大的危机之中。"

先上场？后上场？

我告诉你的方法可能会令你感到意外。假设你负责销售五金器具，你的客户百安居[①]正在进行半年一次的货架评估。你和其他5位销售员一起坐在大厅等候，他们都是你的强劲对手。百安居的评鉴小组将

---
①源自英国，是一家欧洲大型国际家居建材零售集团。

听取你们 6 位的提案报告，然后决定哪一家公司的商品可以上架销售。这时你会希望第一个上场，还是最后一个上场呢？

我总是希望能最后一个上场，因为在评鉴委员投票前最后一个提案往往较占优势。但学术上的研究却无法验证这一点，甚至有些研究结果还证明我的观点错误，他们认为应该第一个上场（"最先或最后"理论指出，如果你不能第一个出场，就应选择最后一个上场）。

长久以来，针对这个主题，许多学者做了不少研究。他们谨慎地设计实验情境，将强弱度一致的论点对差异性不大的受访者进行陈述，试图找出上场顺序对于说服效果的影响。研究结果都显示，先上场提案的效果比较好。如果你第一个上场，即使其他销售员有机会在之后攻击你的论点（如果他们有能耐或机会的话），你成功的几率还是比较大。因此，你唯一的劣势是，不知道其他人会怎么说。其他销售员可能会紧抓着你不放，不断攻击你，然而，第一个上台可以抢先掳获评鉴委员的心。

只要在一开始就提出评委们热衷且偏好的议题，并表示正面的支持态度，会更容易获得评鉴委员会的支持。假设你正在对一家石油公司提案，知道该公司一贯反对政府对于石油产业的干预，那么，在开场你就应先提到自己的客户遍及各个行业，包括许多财富 500 强中的公司，这些客户对你的产品及服务很认同。接着，你就说："事实上，唯一和我们合作不愉快的客户就是政府，他们实在很难沟通，老是跟我们的意见相左。"这么说可以对你有什么好处？那些对政府持中立态度的人来说，可能不会受此影响，但是那些原本对政府就心怀不满的人，可能会受到一些潜移默化的影响。

布莱恩·魏斯（Brian L.Weiss）曾在《变态心理学及社会心理学期刊》（*Journal of Abnormal and Social Psychology*）上发表他的研究结果。他找来 120 个大学生，把他们分为两组，研究中所用的说服

主题是"政府是否应在自来水中加氟"。在实验进行前,他先请学生填写了一份问卷,发现只有少数学生支持这项政策,而且态度并不强烈。演说者在还没有进入正题前,先对第一组学生表示他完全支持学生自主的看法,这显然会受到学生们的欢迎,但是他没有对第二组学生提到这一点。接着,演说者想要改变学生原先的想法,要分别说服这两组学生赞成在自来水中加氟,结果他很轻易地就得到了第一组学生的支持,却很难改变第二组学生。

了解其中的原理相当重要,而在后来的研究中我们进一步了解到:先对听众谈一些他们偏好的议题,并不能因此就让他们全数改变立场,却可以发挥潜在的效果,所以支持人数增加了。在这里我们学到,当你要减少对立观点产生的几率时,就要先提出对方热衷且支持的话题,并表示你也会和他们一起支持该议题。

切换说服方式

很多销售员都会告诉你:"消费者在购买东西时很不理性。"如果这是事实,那么你就应该用感性诉求来打动消费者的心,这种方式更有说服效果。问题是,没有一个可信的研究能证明人们真的比较容易被感性诉求说服。

事实上,我认为采用哪一种方式,应视说服对象而定。如果你的说服对象感情丰富,就用比较感性的手法去说服;如果你面对的是一群逻辑缜密、条理分明的人,而你仍然使用前一种说服方式,他们可能会认为你虚伪且不具说服力。有一项研究被称为"人格特性整合",明确区分出思维具体和思维抽象的人之间的差异。思维具体者更坚持自己的观点,对于新事物比较抗拒;而思维抽象是比较有创意的一群人,他们比较乐于接受新事物。

你可能会就此得出一个结论，说服那些比较有创意的人，如艺术家、作家等，要比说服那些没有创新个性的人容易，比如会计师或工程师。但事实上，结果正好相反。有创意的人比较容易接受新观点，也很愿意听你说话，但是他们却很难被说服；而会计师或工程师等群体虽然可能拒绝接受你的观点——因为他心中早已有了一些刻板想法，但你还是有机会改变他们的态度，只要你能证明他的观点错误，因为他们崇尚理性思考，只要合乎逻辑，就可以说服他们。

说服高手知道如何了解参与评鉴委员会的成员。他们会花时间去研究有谁会来参加会议，他们在公司的职位又是什么等诸多问题。

问答时间与正反论点

如果你能将问答时间的部分掌握得宜，就可以增强你的说服能力，反之，则可能演变成一场灾难。因此，你应该对那些提出意见或问题的人表示支持，虽然不用刻意认同他们的观点，至少也要告诉他们"这真是个好问题"，并且热情感谢他们的指导。

如果你不是很想在流程中安排"问答时间"，很有可能代表你并不完全了解，或者压根不相信自己的产品。如果你十分相信客户应该向你购买，你应该更欢迎那些反对的声音，这样才有机会校正听众可能会有的错误观念。不要害怕面对不怀好意的质问者，尽管他们可能会让你看起来像个傻瓜。但是只要你对他们不抱有敌意，他们没有理由，也不会这样对待你。

研究显示，当你主动加入对方时，会更容易说服他们，他们相信你的时间也会比较持久。通常来说，人们很快就会忘记自己听过的事，但对于说服者做过的事印象深刻。说服高手知道，在"问答时间"积极投入并和对方互动非常重要。

此外，对于是否应该提出正反两面的论点，有一些准则可供参考：什么时候只提出有利于自己的论点？

1. 评鉴委员都很友善。
2. 你是唯一提出该论点的人。
3. 你希望迅速获得认可，而非长期的支持。

什么时候需要提出正反两面论点？

1. 评鉴委员抱有敌意。
2. 评鉴委员随后也将听取其他人的提案。
3. 期望得到长期性的支持。

适度转移听众注意力

不要太在意注意力不集中的状况，因为人们在适度的不专心状态下比较容易被说服。

我知道这听起来很怪，但人们在不专心的时候，的确要比被强迫专心的时候更容易被说服。然而，想要达到这样的效果，就必须让注意力不集中的状态维持适中，而且最好令人愉悦。

商业午餐就是一个很完美的范例，在舒适的空间及美食当前的状态下洽谈业务，不正是个令人愉悦且注意力适度分散的情境吗？在本书第8章中，我已经谈过商务午餐为什么有效，但现在我要告诉你，商务午餐提供的愉快的分散注意力效果同样有用。

只要你想想商务午餐的情景，就能了解为什么令人愉悦的注意力分散有助于说服。当人们被要求专心地作决策时，简直就是一种折磨。愉快而适中地分散注意力，可以营造温馨、友善的气氛，让客户更容易接受你的观点。

适度的幽默是分散听众注意力的好方式，一点令人开心的俏皮话会很有效，但千万不要刻意讲笑话，因为一旦听众觉得不好笑，反而会有害。如果对方的评鉴委员想要说笑话时，就要识相地鼓励他，不管笑话有多无趣，都要捧场到底。幽默本身并不能改变什么，就好像讽刺可以让人们意识到社会上的一些问题，却很少能解决问题。然而，幽默是一个非常重要的附加物：

1. 可以制造愉快且适度分散注意力的状态，帮助你说服对方。
2. 可以避免让评鉴委员或听众感到无聊。
3. 可以把神游中的评鉴委员或听众拉回来。
4. 可以让评鉴委员或听众处于一种友善、接受度高的状态。

值得注意的是，如果你让陈述的信息也变成一种笑话的话，幽默的加分效果就会消失。我看过很多菜鸟销售员陷入这样的陷阱：当他感到评鉴委员对于他的笑话反应热烈时，就不断加码演出。虽然这会让评鉴委员很开心，也会使他们更认真听完每句话，但这并不代表他们就会因此被说服。说服高手知道如何适当运用幽默，但绝不会让幽默喧宾夺主。

塑造权威感

当你要去向一群评鉴委员提案时，可能从未认真考虑过自我介绍的方式，而这一点很关键。你可以直接用说的方式，也可以用书面方式呈现，甚至运用视觉辅助，将你自己介绍给评鉴委员。

当评鉴委员认为你很权威时，会更容易被说服。权威感可以来自你的职称、学历，或是你在该领域的知识与经验。如果你介绍自己是个"在机场负责解决行李问题的人"，他们会点头表示赞许，但你也可以准备收拾行李回家了。

如果在自我介绍时，没有显赫的学历或丰富的经验作为卖点怎么办？这种情况下，你最好在提案结束后再介绍自己的背景。有一些研究报告指出，如果人们在自我介绍时得知你的学历不好，几乎可以确定会将你淘汰出局，而不会给你机会说服他们。不过，若你先直接切入主题，讲述听众喜欢听到的言论内容，即便最后你提到自己不甚出色的背景，也不会造成很大负面影响。

研究指出，人们即使记得谈话的内容，也非常容易忘记是谁说过那些话。你是不是经常听人们说"有人告诉过我，可是我想不起来是谁说的"？那么，这跟自我介绍有什么关系呢？好的自我介绍有助于建立信任，对于在短时间内说服人相当有效，比如当你希望对方向你买东西或给你投票时。然而，随着时间流逝，这种效果也会随之减弱，学者称其为"睡眠者效应"（sleeper effect）。

假设你要推广一个全新的自动补货程序，而且市面上没有类似商品，那么在推广初期，你需要尽力制造知名度，让越多人听过你的产品越好。这时，介绍产品的人可信度高低并没有那么重要，你只是要让尽可能多的人知道你的产品，让相关行业里每个人都在说："听说某某公司研发了一个很棒的自动补货程序，可以提高存货流通的顺畅度。"他们不会记得是谁告诉他们这个消息，或是从哪里听到这个信息，他们只会记得这件事。但是当你要让这些信息激发具体的购买行动时，发言者的可信度就非常重要。当你期望得到对方的行动与反应时，自我介绍的重要程度就会较高；当你希望看到长期、渐进的态度改变时，自我介绍就没那么重要。

让我告诉你一个诀窍：在发表演说前，我通常会交给即将介绍我出场的人一份事先准备好的介绍词，很多专业的演说者都会这么做。这么做并不是要为自己说尽好话，而是避免介绍者乱讲一通。如果你任他自由发挥，他很可能会告诉听众你是世界上最棒的演说家，能够听到你的演讲是一种荣幸。这样的开场白很可能会造成你说服听众时的障碍，因为这种介绍词已经在你和听众间筑起了一道高墙。当你终于从介绍人手中接过麦克风时，听众们已经在想："我才不信他真的有那么厉害，等着瞧吧！看他究竟有多大能耐！"这时，你得先费力将那堵墙推倒，然后才能进行后续的演说或说服。

提供明确结论

光是陈述信息无法改变人们的态度，你必须给出结论，并要求评鉴委员做些事，例如改变他们对某个议题的看法等。许多学者曾研究过新闻媒体对公众意见的影响，他们的结论是：媒体若毫无偏见地呈现新闻，就几乎无法对公众意见有影响。

譬如，媒体报道一个警察在路上射杀了一名青少年。新闻内容只是单纯地陈述事件，完全没有改变人们想法的意图，这个事件只是强化了人们既有的观点。认为这个警察残忍、无情的人还是会这样想，而认为这名青少年一定是不尊重法律才会落得这个下场的人，也还是会对这一点深信不疑。只有当记者提出一些具有说服力的报道时，人们的意见才会有所改变。

如果你想要说服评鉴委员会或一群客户，必须知道光是呈现完美无瑕的信息是无法打动他们的；你一定要自信地给出结论，要求他们改变态度，并告诉他们你希望他们怎么做。我常常看到销售员顺利地将客户带到即将作出决定的关口，却在紧要关头输掉全局，

因为他们最后没有告诉客户该怎么做。他们应该说"我现在就等你让我发货了"或"我现在只需要你给我一张订单及 2 万美元的订金"。

　　有一次，我到一个陌生的城镇参加教堂服务活动。当我拿到演讲费时，本打算将它捐给教会。然而，当活动进行到一半的时候，牧师告诉大家："现在是将神奇信息放进信封的时刻了，让我们一起来帮助教会更顺利地运作吧。"在我还没有搞懂他的话时，一个塑料大碗不知道从哪冒出来，并且迅速传过来。我脑中闪过一个念头：原来是在募款！但纳闷的是，我在碗里没有看到很多钱，却有不少信封。当我接过第一个碗之后，不到 5 秒又传来一个碗，我只好快速地将它传给隔壁的人。也许这当中有一些我不知道的宗教意义，但是从说服的角度看，牧师的说辞并不好。他应该要更明确地告诉大家，他所期待的是什么，譬如"现在就请各位，将你们的捐款放进碗里"，效果保证会更好。

　　说服高手知道，你必须明确地告诉对方你希望他们做什么。

第一部分　销售是一场说服竞赛

1. 要想说服评鉴委员，就要先了解他们为什么会在这里。

2. 你应该将强而有力的论点在开场或结尾时提出。

3. 只要在一开始就提出评委们热衷且偏好的议题，并表示正面的支持态度，会更容易获得评鉴委员会的支持。

4. 没有一个可信的研究能证明人们真的比较容易被感性诉求说服。

5. 如果你能将问答时间的部分掌握得宜，就可以增强你的说服能力，反之，则可能演变成一场灾难。

6. 不要太在意注意力不集中的状况，因为人们在适度的不专心状态下比较容易被说服。然而，想要达到这样的效果，就必须让注意力不集中的状态维持适中，而且最好令人愉悦。

7. 当评鉴委员认为你很权威时，会更容易被说服。权威感可以来自你的职称、学历，或是你在该领域的知识与经验。

8. 光是陈述信息无法改变人们的态度，你必须给出结论，并要求评鉴委员做些事。

第 12 章
把话说到点子上

现在,我们要进入成功说服的核心——让客户从你的观点来看待交易。在本章中,我将教你一些语言技巧,这些具体的技巧能够更为有效地说服客户。

我想事先说明一下,其中有些技巧,你可能会觉得不够光明磊落,或者在阅读过程中感到沮丧,因为你可能想起过去曾有人对你这么做过。不过,无论你对这些技巧抱持什么态度,都有必要熟悉并了解它们。

强调目的一致

我们从"扩散"(diffusion)开始谈起吧。这是对付生气的人最简单的一种方式,可以帮助你说服气愤者,让他们从你的角度来思考问题。如果有人持有和你对立的观点,但双方不曾发生过具体的冲突,而且你也不想和他起冲突,这时怎么办?想想每个销售经理都会遇到的状况,有两个销售员愤怒地走进办公室,其中一个大声说:"我们已经争论了一个早上,请你来主持公道吧,到底我们谁对谁错?"

说服高手会在一开始就使用扩散,先让双方都同意一点,就是即使互相不同意对方的看法，但他们的最终目的一致。那位销售经理会在听完双方的说辞后说："我不觉得你们的意见有那么不同啊，从我听到的来看，你们根本就在说同一件事。你们都希望公司的市场占有率能显著升高，并且实现高盈利，对不对？这也是我们今天在这家公司上班的意义所在，不是吗？乔治，你是我见过最优秀的推广销售员，我希望你能不断提出了不起的创意；而苏珊，你在财务方面的敏感度无人能比，我希望你能和乔治携手合作，以确保乔治的营销活动能有高利润的回馈。我们当然希望投入的每分钱都能有所回馈，而我相信乔治心里也这么想。现在就让我们同心协力，看看这次的推销活动可以取得什么耀眼的成绩，并且将风险降到最低，怎么样？"

还有一种情况，是经理必须说服员工接受调职的命令。他说："鲍勃，我不明白为什么调职这件事会让你如此沮丧，我们都在同一条船上啊，不是吗？别忘了，我们公司最大的优势就是人才。我们现在的成就不是工厂、仓库或办公大楼带来的，而是由每个员工所创造的。鲍勃，我希望你能换个角度想想，往后你一定会发现，调到埃尔帕索（El Paso）对你来说是再合适不过。"

销售员又该如何利用扩散呢？玛丽想要将顶级的复印机卖给一家租车公司，但是客户对于复印机的高价持强烈异议。玛丽说："琼斯先生，你是否以为我们对这宗交易的看法不同？其实我们的意见基本一致，都希望替贵公司找到最佳的解决方案。你的生意蒸蒸日上，我才有机会获得提升。琼斯先生，我绝对相信这台复印机完全符合贵公司的需求，如果你因为价钱而放弃了这个机会，最后一定会很失望。"

没有比诚恳的态度更有效了！下次当你要说服人时，不妨利用扩散，试着改变对立的状态。当你说"我们其实在讲同一件事，希望达到同样的目标，不是吗？"你将会更容易实现你想达到的目标。

承认自身情绪

这是个相当有效的技巧。当某人想要说服我们去做某件我们不太想做的事，经常会从这句话开始："我不希望你感情用事。"

每当我听到这句话，就会忍不住想起伍迪·艾伦（Woody Allen）早期的电影《呆头鹅》（*Play It Again, Sam*）。电影中有一幕是伍迪·艾伦的太太要离开他，她平静地收拾好所有的行李，放进陈旧的甲壳虫汽车里。伍迪·艾伦说尽了一切好话想要挽留她，但是她坐在驾驶座对他说："我不希望你感情用事。"当你太太要离开你，怎么能不感情用事呢？

只要有人用这种方式把坏消息告诉你，一定要鼓起勇气挑战他。说服高手知道，不能轻易放弃彼此间的感情。如果公司里一个重要的销售员对你说："希望你不要感情用事，因为我决定到竞争对手那里工作。"你可以回答："查理，在这家公司里，我最关心的人就是你，如果你觉得这对你来说是最好的决定，我也会为你感到高兴。"这是"扩散"的技巧，你可以借此让双方站在同一边。接下来，你可以说："但你千万别要求我不要感情用事，毕竟我们都合作这么久了。我知道你不希望我用感情或私交来影响你，但是查理，你是个开明的人，不是吗？你一定能敞开心胸听我说说，我为什么觉得你应该留在公司，是吧？"顺带一提，我觉得很奇怪，为什么老是有些销售经理告诉我，不要让他去说服属下不要离职。他们会骄傲地说："这是原则问题，如果他们想走，就走吧。"

在今天的商业社会里，你必须懂得舍弃一些无谓的原则。我了解这些经理轻易让销售员离职，是因为他们不想通过加薪来留人，或者因为压力而做出任何妥协。但我必须说，说服高手会去努力留住人才，而且在不用做出任何妥协或通过加薪就能使员工打消辞职的想法。

不掉入陈述陷阱

讲得更明白一点，就是不要过于精确地陈述一件事，不然你会被自己说的话绑住手脚。提到尼克松，是因为这个说法起源于"水门事件"（Watergate Scandal）①时期。当时，尼克松采取保守低调的态度，小心翼翼地不说出任何明确的话。如果你去看他在法庭上所说的证词，会发现大多是"我不记得我说过这些话"，或"我不认为我们会讨论这个问题"，以及"以我的智慧来判断，我不会批准那个行动"。我必须说明，依照法律，如果你真的记得却说忘记，也算是作伪证。如果换个方式来回答，例如"我没有说过这些话"，或"我们从未讨论过这件事"，以及"我没有批准那件事"，最后的结果将180度大转弯。当你精确陈述事实时，对方律师很可能会趁机抓住你的话柄，甚至设下陷阱让你跳下去。他可能会起身走上前说："琼斯先生的证词指出，你确实批准了那个行动，你有吗？"而不会问："你到底有没有批准那个行动？"

现在你掉进一个对方也不知道答案的假设圈套中，目的就是要套出你的话，这时你可能会回答："绝对没有！"这样一来，对方律师就抓到你了，他会接着说："但是根据琼斯先生的证词，他发誓你的确在4月14日下午3点10分批准了那个行动，难道你要说他在做伪证吗？"

20岁那年，我生平的第一个老板就让我学到"含糊其词"的重要性。那年暑假，我在英国南部的一家休闲旅馆打工。有一次，他们要我将一些器具打包并寄出去。一个星期之后，老板很生气地把我叫进办公室，他说："罗杰，看来你似乎没有打包好！那些东西抵达目的地时几乎全都损坏了！"

---

① 又称水门丑闻，美国历史上最不光彩的政治丑闻之一。

我刚工作没多久,不想因此被炒鱿鱼。根据老板的语气,他似乎并不确定真相如何,我决定将一切罪过归咎于航空公司。我直视老板的双眼说:"老板,我可以向你保证,那绝不是我的错,没有人能打包打得比我更好了,一定是航空公司在运送过程中出了问题。"

老板一派轻松地回答:"真的吗?我很惊讶你会这么说,你看看这个。"他从抽屉拿出好大一张照片,这是航空公司为了证明自己没有疏失所拍下的证据。的确,从照片上看,包装实在太草率。这真是太惨了!如果我知道要学学尼克松,就应该说:"我不记得当初是怎么打包的,但如果我没记错,应该小心包好了。"

很多销售员和销售经理隔三差五就会犯这个毛病。销售员很可能会不经大脑地说:"在业内,没有人可以给你60天的期限。"这时,客户一脸沉静地从抽屉中拿出一份文件说:"真的吗?可是你的竞争对手告诉我,他们办得到。你看看,这是他们给我的提案。"销售员的可信度在瞬间被摧毁。

在面对减少属下红利的问题时,经理们感到很棘手,常常会说所有人都因为不景气而遭遇同样的困境。事实上,如果太过明确将会逼自己走上绝路,因为谁都知道,如果顶尖销售员因此而递出辞呈,你一定会为了留住他而做出妥协。所以,怎么可能所有人都一样呢?

为什么要让自己掉入因明确陈述造成的陷阱呢?有时学学尼克松,就能有效助你脱困。

冲突时搁置争议

这是一个非常有趣的小技巧。当你对某人感到生气、失望,却不想直接表达出来时,要如何让对方知道这一点?我称这个技巧为"我没有生气"。

假设你有一个员工对公司感到相当不满，有一天，他终于爆发出来，在走道上大声说："不管我们有多努力，公司永远都是这么苛刻！"假设这位员工非常忠诚，也很努力工作，只是因一时气愤而忍不住发泄一下，身为主管的你不想忽视这件事，也不想让事情就这样算了，你要如何避免和他正面冲突（这种激烈的做法很可能会促使他离职），又让他知道你不能容忍在办公室发生类似事件？

碰到这类事情，你可以用"我没有生气"这招。你可以告诉他："哈利，很多人一定会对你刚才的行为感到恼怒，但我要你知道，我没有生气。我知道你本意并非如此，你一直是个忠心耿耿的好员工，我也不相信你会因为一点小事就变脸。"

也许是这个销售员在工作上有一些不愉快，可能是客户的货被多收款了，而这是因他自己的疏忽而造成的——他忘了告知财务部门这笔账的事，结果客户生气地打电话来大骂："你想骗我是不是？我根本就不应该相信你！"这名销售员当然不想让冲突扩大，但他也想告诉客户那真的是无心之过。他应该对客户说："我想让你知道，虽然你刚才如此生气地辱骂我，但我并没有生气，因为我知道你有权生气。但这这件事发生，纯粹是因为工作上的疏失，以后我一定会杜绝这类问题再次发生。"

"我没有生气"的美妙之处在于，面对那些对你有敌意的人，这个方法可以帮你理性地说出自己的看法，让对方清楚你的意思。

用选择启发客户

多数人都同意，美国人特别强调个人自主。我曾经在坦桑尼亚遇到一个德国人，他是奔驰汽车北美区的高管。虽然在美国住了20多年，但他还是发自内心认为自己是德国人。因此，他的公司每两

年就会给他一段长假,好让他回到祖国享受假期。后来,我们成为很好的朋友,他和他儿子还有我和我女儿4个人,还曾一起攀登乞力马扎罗山。

在登山第四天,我们已攀登到海拔16 000英尺① 的宽阔山脊上,该山脊位于两座山峰之间。面对着一望无垠的南非平原看日落,真是人生一大享受!在赤道地带,太阳下沉得很快,几乎是垂直落下。这真是很奇特的体验,空中仿佛有一颗大火球直线掉下,大自然真是太美妙了!在这动人的时刻,我问他:"罗夫,你在美国住了20多年,你认为美国人最鲜明的特性是什么?"

他缓缓告诉我,他认为美国是一个很棒的国家,也很喜欢在那里的生活。我说:"我同意你的看法,但我好奇的是,美国人是否有些特性仍令你感到困惑?"

他有点不情愿地说:"在我看来,美国人对于个人自由的强调简直令人无法想象,这当然很好,但也很糟。在我的国家,我们都愿意接受枪械管制,因为这样可以避免犯罪行为发生;我们也都愿意接受严格的建筑法规,因为这样会使我们的城市更美观。但是美国人要的是个人自由,不管那会带来多少坏处。"

当你发现家里有歹徒闯入时,第一个反应会是什么?我希望你能遵照所有执法单位要求的方式去做:不要打草惊蛇,好让他们有机会逃脱。千万不要逼得他们无路可退,那只会使他们变得更暴力。

同样的原则也适用于说服工作,你必须给客户一点空间,让他永远都有选择的余地。

正因为我们如此重视个人自由,所以多数人都非常抗拒他人的说服。客户可能会觉得自己受到限制,除了满足你的要求就没有别的解决方法了。对你来说,这也许是将了对方一军,但若是过于咄

---

① 1英尺约为0.3048米。

咄逼人，他们就会因为挫折感而做出自毁性行为。例如，将你的公司列为拒绝往来户，或向你的竞争对手购买商品。其实，对小孩也是一样，如果你强制他们不准做这不准做那，他们就会为了违背你而更加叛逆。

在说服中有一个很有趣的观点，请记住：我们都强烈渴求自由，不喜欢别人用计谋算计我们，将我们逼得走投无路。在说服别人时，说服高手会谨记这一点，所以他经常会提供两个不同方向的选择，以供客户参考。

"提供选择"说服技巧的重点在于，你提供的选择方案都必须自己可以接受。销售员在成交前一刻会说："毫无疑问，你需要一套顶级的机器，但问题是，我们如何才能让你做出最适当的投资决定呢？我提出了两个方案，你看看哪一个比较好：第一个，扩大采购计划，这样你就有足够预算来买它；第二，采用租赁方式。你觉得如何？"

销售经理会说："毫无疑问，你是我们公司的资深销售经理，你认为，我们是在你调任到埃尔帕索前宣布这个消息，还是等到你在那边安顿好后3个月后再公布？鲍勃，你觉得哪种方式比较好？"

"提供选择"的技巧告诉我们两件事：千万不要把别人逼进死角，然后说"你要么接受，要么拉倒！我绝对不会降价"或是"安妮，我们公司目前不缺销售经理的职位，你如果不接受调职，我们就只好找别人"。记住，我们每个人都十分看重自由，当别人试图剥夺我们的自由时，再愚蠢的事情我们都做得出来。

永远记住，要给客户两个选择方案，而且都是我们可以接受的方案。你可以说："如果你愿意一次付清的话，我们可以考虑将价格降低一些；或是，你宁愿照原价以分期付款的方式也可以。"你也可以说："安妮，唯一可以让你留在芝加哥的方法，就是给你副经理的职位但佣金比例固定，这样你会不会比较愿意接受？"

让客户重述问题

假设你是一个销售经理,有一个重要的销售员以离职来威胁你,他说:"如果你不加我的薪水,我就要离职!"然而,你不想用通过加薪来留住他。你可以这么做:向后靠着椅背,专心想着你家的电话号码,从头想到尾,再从尾想到头,不要漏了区号——这会让你看起来很像在认真思考一件事。或者,你也可以拿下眼镜(如果你戴着眼镜的话),然后轻轻咬着镜架,这些肢体语言代表你还需要更多信息。你的脸上浮现满是疑惑的表情,最后你慢慢地问道:"可是鲍勃,你为什么要这么做?"

鲍勃可能会说:"在这里工作的薪水根本养活不了我!"

你回答:"可是鲍勃,如果你离职了却找不到工作,经济状况不就陷入更大困境了吗?"

"你放心好了,我会找到欣赏我并愿意支付高薪给我的公司。"鲍勃说。

"可是鲍勃,我们都很欣赏你啊,只是现在我们没有办法提高你的薪水。如果你保证可以提高你的工作效能,而且确实做到,我们一定会为你加薪,这样很公平吧?"

那一句"可是,你为什么要这么做?"具有非常奇妙的效果,尤其是当你知道对方只是在吹嘘的时候。

例如,你最好的一个客户突然失去耐性地对你说:"我要把这批订单交给你的竞争对手,你不用多说,我就是要这么做!"

这时你要开始想电话号码,然后平静地问:"可是乔,你为什么要这样做呢?"

"因为他们更在意我的公司,他们下星期就可以将货送到了。"客户如此回答。

"但如果不是对品质管控更加挑剔，我们也可以下星期就把货都送给你啊！乔，我们已经合作了十几年，如果我没办法在下星期就把货给你，你们的生产线会因此停摆吗？你一定要相信我，不会有问题。"

这个技巧的迷人之处就在于，它可以促使客户再次说出他的异议，而当他们这么做的时候，立场就不会再像刚提出时那么坚决。

1. 先让双方都同意一点，就是即使互相不同意对方的看法，但他们的最终目的一致。

2. 不要过于精确地陈述一件事，不然你会被自己说的话绑住手脚。

3. "我没有生气"的美妙之处在于，面对那些对你有敌意的人，这个方法可以帮你理性地说出自己的看法，让对方清楚你的意思。

4. 永远记住，要给客户两个选择方案，且都是我们可以接受的方案。

5. 让客户重述问题的迷人之处在于它可以促使客户再次说出他的异议，而当他们这么做的时候，立场就不会再像刚提出时那么坚决。

| 第 13 章 |
消除客户负面情绪

在本章中,我将教你如何消除客户的负面情绪。当人们对你产生不好的感觉,或对你的行为感到不满,你最好能在台面上就消除这些负面情绪。想办法让对方坦承自己的不愉快,并希望他能同意彼此消除这些感觉。没有表达出来的负面情绪,就像伤口上的脓疱,除非你让脓汁流出来并好好治疗,否则伤口只会恶化。

我将客户的负面情绪总结为"HAGS"(Hurt 受伤、Anger 生气、Greed 贪婪、Suspicion 猜疑),这些是销售员生涯中最大的挑战。

释放情绪

常人最不愿意承认的一种情绪就是受伤,因为那意味着他们原本相信你,现在你却令他们失望了。处理人们受伤的情绪很困难,因为受伤的人会认为自己也有错,自责于他曾经那么相信你。所以,你要非常温和地处理这个问题,最好能将其完全驱除。

假设你最好的一个客户无意中发现,你的公司竟然给他的竞争对手更低的价格。如果你事先知道,绝对不会允许这种情况发生,但这位客户面对的对象是你,他曾经那么相信你,而你让他失望了。这时,

即使你向他保证,再也不会发生同样的事也无济于事,因为他凭什么相信你不会再骗他呢?你必须让他表达出受伤的情绪,再想办法弥合。

"我知道你一定觉得很受伤,你会这么想很自然,过去8年来你始终信任我,这是我头一次让你感到失望。你当然会感到受伤,而且有权这么想。但你知道吗?现在我想的并不是如何继续和你做生意,而是我要怎么做你才会相信我。请告诉我该怎么做?"

重建关系

接着,让我们来谈谈生气。虽然客户没有直接对你发火,但他的愤怒全都写在脸上。这时你可以说:"吉尔(Jill),很显然,你对此感到非常生气,但请相信我,我站在你这边,你绝对有权生气。你有没有想过,或许我也有权对你的人感到不满?但无论如何,继续生气并不能解决问题。为什么不先将气愤的情绪放在一旁,看有什么办法可以重建我们的关系,好吗?"(附带一提,在本书第22章我将和你分享几种说服生气者的方法)

挖掘潜藏问题

第三种负面情绪是贪婪,处理这种情绪需要多一点手腕和技巧。在这里我要教你的一种技巧叫作"很多人会认为",用来驱除客户的贪婪。假设你在销售某个产品,为了赚钱你可说是不顾一切努力销售。但你在销售技巧上却有一些弱点,你发现客户经常借机占你便宜。

你可以说:"萨莉,是否能让我也从这个交易中得到一些好处呢?我很欣赏你的交易能力,也知道你必须讨价还价,但恐怕很多人都会认为你是在趁火打劫。不过,我们已经合作这么久了,我知道你不是那种贪心的人。现在让我们以公平的观点来看待这次交易，好吗？"

这么做可以达到什么效果呢？将一些潜藏在人们心中的问题挖掘出来，并公开讨论、解决它。同时，让对方知道我们了解他想什么，但是我们不想发生正面冲突。

知道事实永远是好事

如何看出客户对你产生了猜疑？有一个很好的线索可供参考：当对方想对你隐藏某些事情时，很可能就是对你起疑了。假设你一次面对两个或更多客户时，他们要求你先行回避，好让他们私下讨论，或是在你提案时，他们之间出现传纸条这种小动作，就是对你持有猜疑的心态。另一个线索是：你发现他们在回答问题时显得很不安。假如你问他们一个问题，他们却不愿意立刻回答，譬如你问道："贵公司一年的营业额有多少？"

如果对方回答："抱歉！这是公司机密，我不方便说。"这是比较礼貌的回答，有的人甚至会粗鲁地说："查理，我想这不关你的事吧！"

无论如何，一旦你察觉到对方的猜疑，一定要勇敢直面问题，绝不要忽视它，否则只会让事情变得更糟、更难以处理。你可以说："不好意思，但显然，你似乎还无法信任我。也许，我还没有机会做到这一点，但如果你们真的有心合作，彼此的信任非常重要。现在，我们是不是可以来讨论这个问题，你们有什么顾虑吗？"

你可能会说："等一下，我可能并不想知道答案啊！如果你们开始对我吐露心中的不满或疑虑，只会让彼此的关系更不愉快。"相信我，知道事实永远是好事，忽视只会带来和平的假象，造成缺乏了解和不健全认知的后果。

1. 当人们对你产生不好的感觉，或对你的行为感到不满，你最好能在台面上消除这些负面情绪。想办法让对方坦承自己的不愉快，并希望他能同意彼此消除这些感觉。

2. 知道事实永远是好事，忽视只会带来和平的假象，造成缺乏了解和不健全认知的后果。

3. 当你遇到客户的负面情绪时，千万不要试着习惯它，而要学着去解决、消除它。

第二部分
精准分析客户

你的客户为何总是举棋不定？

他的动机是什么？

作决定前，他究竟在想什么？

| 第 14 章 |

你了解客户吗

大多数人不是"相配者"(matcher),就是"易变者"(mismatcher)。如果你能辨别客户到底是哪一种人,就能成为成功的说服者。

"相配者"喜欢稳定、一成不变的环境,他们可以连续几年做同一份工作,和同一个人过一生,每年去度假也会选择相同的地方。他们很少改变想法,认为"知道自己喜欢什么,也喜欢所知道的"。

"易变者"喜欢改变带来的刺激与愉悦,他们换工作如家常便饭,换配偶也不是新鲜事。他们容易对现状不满足,从好的方面来看,这激发了他们旺盛的进取心;但是从另一个角度来看,这也容易导致极大的挫折感。

"相配者"与"易变者"

一开始,你可能会认为"相配者"比较偏向正面思考,因为他们喜欢自己的行为模式,也不善变。至于"易变者",你可能会凭直觉认为他们比较偏向负面思考,因为他们不喜欢重复相同的经历。

不过,你也可以将"易变者"视为正面思考者,因为他们总是那么自信,渴望追求新事物,并且勇于尝试。

现在,让我们来看看自己是个"相配者"还是"易变者"吧!请你看看以下几张图片。

请你在钞票下的空格中写下你所观察到的这3张钞票之间的关系。请不要先偷看后面的答案,不然就失去了测验的意义。

1. _____
2. _____
3. _____

"相配者"通常会看到3者相同的地方,例如:

1. 都是美国的货币。
2. 尺寸一样大。

3. 上面都是英文字母。

4. 在它们的 4 个角落都写着币值。

5. 都是纸做的。

而"易变者"会观察到 3 者的差异性，例如：

1. 币值都不一样。

2. 只有一张钞票的面朝下，其他两张都朝上。

3. 朝上的那两张有序号，朝下的那一张则没有。

4. 3 张钞票的边框花纹都不一样。

5. 5 美元的钞票上画有建筑物，其他则是肖像图。

做完这个测验，你很可能会认为自己不是一个纯粹"相配者"或"易变者"，因为你列出的答案可能既有相同点也有相异点。但是请你再回想一下，刚才第一个浮现在你脑海的答案是什么？如果是相同点，很显然你更多是倾向"相配者"，虽然不是百分之百；如果你先写出的是相异点，你更多是倾向"易变者"。

巧妙分辨客户倾向

接着，我要教你如何分辨其他人的倾向。假设你和一个同是销售员的朋友讨论所处行业，你可能会说："告诉我，你为什么喜欢当销售员？"你是以正面态度来提出这个问题，因为你是问他："你喜欢什么？"而不是问："从你开始做销售员至今，有没有遇到过什么大麻烦？"

这时，就要看你的朋友是顺从还是反对你的问题。如果他回答："我喜欢这个工作是因为丰厚的佣金，而且上班时间非常具有弹性，不需要一天到晚待在办公室里。"那他就是一个"相配者"。如果他回答："我喜欢这个工作，但如果可以不要搭飞机或一天到晚坐计程车的话，我会更喜欢它。"很显然，他就是一个"易变者"。

假设你的工作是销售办公用品，你正在向客户展示公司最新的产品。这个客户多年前曾经和你合作过，对于你上次卖给他们的产品非常满意。这次他们计划将旧器材全部淘汰，这可是大手笔。如果你问一个"相配者"，为什么他想购买新器材，他会回答你："这台旧机器实在非常好，但是如果我们能拥有最新款的型号，一定会更棒。"但是"易变者"会这样回答你："原先的机器已经太老旧了，我们想在它还没出什么问题前赶快换掉，而且新机器的功能比它强得多，还有不少新功能。"

面对"相配者"和"易变者"，你必须采取不同的应对方式。面对"相配者"，你应该强调新款和旧款一样可靠，虽然新款的功能比较多，但是它和旧款一样容易使用与保养，而且之前使用的软件在新款上也一样适用。

面对"易变者"，你要强调差异性，告诉他们这台机器是重新设计过的机型，跟旧机型截然不同，只要他们拥有这台新机器，一定会感到愉悦，感叹怎么会有如此先进的机型。

为什么辨别客户是哪一种人能助你成为说服高手呢？如果你能察知客户是"相配者"还是"易变者"，就可以知道如何吸引他们。例如，"逆反心理"（Reverse Psychology）只在"易变者"身上表现明显，如果你有养育小孩的经验，其中应该至少有一个孩子是这样的个性。假如你要求女儿在睡前将功课做完，你必须这么说："你为什么不明天早点起床，在比较清醒的时候写功课？"

她会说："爸，我告诉过你了，我必须在今晚写完作业。"

如果你希望儿子骑脚踏车去上学，你应该说："你可以搭我的便车去上学，然后自己坐公共汽车回家，怎么样？"他就会说："我才不要坐公共汽车，我宁可自己骑自行车上下学。"不过，这招只适用于易变的小孩，如果你用同样的方法来应对顺从的小孩，他就会回答你："好啊，如果你觉得这样更好的话。"

我心目中的英雄海明威就是一个典型的"易变者"，当他面对讨厌的人时，爱唱反调的脾气就会爆发出来。所以，当霍契纳（A. E. Hotchner）还是个年轻记者时，《大都市》（Cosmopolitan）杂志的总编要他去找海明威约稿，这令他觉得压力非常大。海明威只写他想写的东西，而且是出了名的爱教训那些胆敢跟他接触的记者。

为了向海明威约稿，霍契纳坐飞机大老远跑到哈瓦那。他在当地的旅馆里足足待了两天，后来他在《爸爸海明威》（Papa Hemingway）一书中写道："我那时因为太过胆怯，整天都迷迷糊糊。"但无论如何，他必须想办法完成任务。他知道海明威是个世界级"易变者"，不管他说什么，海明威一定都会反对，所以他交给海明威一封信，说明自己此行的目的。信中他告诉海明威，他并不期待他会写这篇文章，但是请海明威亲自写张表示拒绝的字条，这样至少可以证明他尝试过，不至于被《大都市》杂志开除。这个策略居然奏效了，隔天一早他就接到了海明威的电话，海明威表示他不愿让霍契纳为此颜面扫地。他们甚至还成为好朋友，霍契纳将不少海明威的著作搬上了电视荧屏。

同样的道理，如果你是一位销售经理，当你要说服手下顶尖的销售员从波士顿调职到埃尔帕索时，你必须分析他是一个"相配者"还是"易变者"。如果他是"相配者"，你只要告诉他埃尔帕索的繁荣和波士顿几乎一样；如果他是个"易变者"，你就必须强调在新城市里可以领略到的新鲜感与刺激，而且可以认识很多新朋友，迎接新挑战。

1. 大多数人不是"相配者",就是"易变者"。如果你能辨别客户到底是哪一种人,就能成为成功的说服者。

2. 面对"相配者"和"易变者",你必须采取不同的应对方式。面对"相配者",你应该强调新款和旧款一样可靠,虽然新款的功能比较多,但是它和旧款一样容易使用与保养,而且之前使用的软件在新款上也一样适用。

3. "相配者"喜欢生活在一成不变的世界里,最好接触的一切都不要改变;"易变者"却经常对现实生活感到不满,并且不断改变生活方式,找寻更好的机会。

| 第 15 章 |
识别客户动机

在本章中,我将告诉你促使客户行动的内在动机有哪些,以及如何利用它们达成交易。首先,你需要了解人们如何看待外在世界:

1. 可能性与必要性。人们若不是因为可能得到某些利益而行动,就是因为不得不这么做。
2. 自私与无私。人们看待事情的角度若不是以对自己是否有影响作为判断依据,就是以是否会对他人造成影响为依据。
3. 快乐与痛苦。人们采取行动不是为了感受快乐,就是为了逃避痛苦。
4. 独立与依赖。有人从不在意旁人的眼光,有人则非常在意。

在本章中,让我们来看看各类客户的心态。

可能性与必要性

让我们回到 1956 年 10 月。请试着想象一下,今晚是电影《环游世界八十天》(*Around the World 80 Days*)的首映会前夕。为了这部电影，制片人迈克尔·托德（Mike Todd）已经倾家荡产，甚至向银行借贷了数百万美元。他对这部新片寄予厚望，但也做好了面对失败的准备。

当时，他突然接到一个电话，是《洛杉矶时报》（Los Angeles Times）的发行人奥蒂斯·钱德勒（Otis Chandler）打来的。他表示愿意用 1500 万美元买下这部电影一半的版权，托德告诉奥蒂斯，他想听听其他人的意见，包括他太太伊丽莎白·泰勒（Elizabeth Taylor）、儿子麦克（Mike）以及朋友埃迪·费希尔（Eddie Fisher）。结果，他的儿子和朋友都赞成接受这个提议，但他太太建议他赌一次。最后，他回绝了奥蒂斯的这项提议，因为他认为这部电影绝对比 1500 万美元值钱，少说也值 3000 万美元。可是，有多少人会愿意冒这么大的风险？

一个会关注可能性的人就会这么做。每个人不是看重可能性，就是看重必要性。更看重可能性的人比较会被可能发生的事而触发动机，而更关注必要性的人只有在他们觉得必须这么做时，才会去行动。

思考可能性的人不是那些脚踏实地、辛勤工作的人，他们的生活总像过山车一样忽起忽落。相较而言，思考必要性的人不会轻易辞职，他会基于现实因素考虑问题。他可能会想："我现在不能辞职，因为再工作 10 年我就可以领退休金了。"但是思考可能性的人总在做白日梦，幻想还有其他工作在等着他。

什么原因让一个人成为思考可能性的人？这可能跟童年时是否有安全感有关。在我 18 岁前，总共搬过 9 次家，换了 4 所学校，体验到各种生活。像我这样的人，会比较乐于接受改变，也更愿意冒险。

这就是为什么在那些思考可能性的人心里有一股无法名状的力量，永远都在想着追求令人兴奋的事物，而思考必要性的人习惯紧

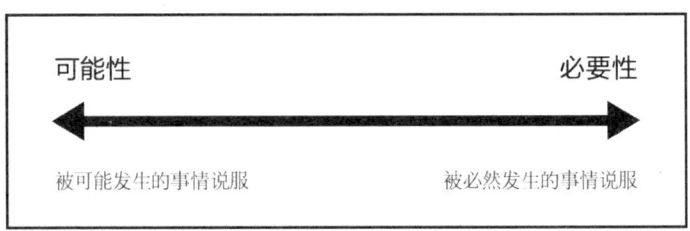

图 15-1　可能性与必要性的量尺

抓着他们熟悉的世界不放。

让我们来做一个小小的测验，看看自己在可能性与必要性的量尺中偏向哪一边。请回答这个问题："你几岁离家并开始赚钱？"多年来我用这个问题问过数百位应征者，结果发现一个非常直接的关联性。一个人越年轻开始赚钱，就越有主动进取的态度，也就越具有思考可能性的特性。

你会经常看到说服高手利用这一点。如果你的客户是一个思考可能性的人，他在和你交易时更重视能够从你这里得到什么好处。如果你能明白这一点，就会知道交易达成的关键在于要勾勒一个足以令他感到兴奋的情景，并且只要他向你购买产品，一切都会成真。而讲究必要性的客户往往比较关心改变会不会带来损失。你必须告诉这类客户，他们的世界会继续正常运转，所有事情不会为此改变。

自私与无私

我们接着要分析的这个因素是：人们是自私还是无私地判断他们所处的世界？这两端的代表人物分别是唐纳德·特朗普（Donald Trump）[1]和特蕾莎修女（Mother Theresa）[2]。众所皆知，特蕾莎修女是全世界最无私的人，而特朗普更多考虑自我利益。

---
[1] 美国共和党籍政治家、企业家、商人，美国第45任总统。
[2] 1979年诺贝尔和平奖得主，一生致力于消除贫困。

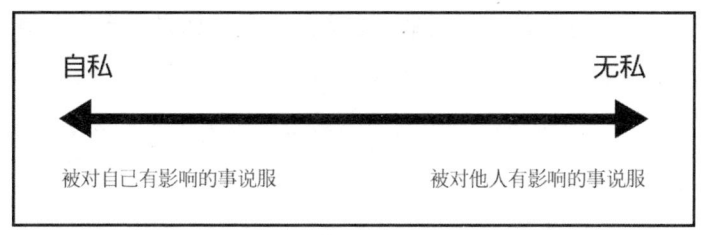

图 15-2　自私与无私的量尺

很少有人走极端，大部分的人都处在量尺的中间区域，既不是舍生取义的烈士，也不是完全以自我为中心的自恋狂。我们崇拜无私的人，非难自私的人，会倾向于认为自己比大多数人无私。当我们以自我为中心在思考、处理事情时，会将自己的行为合理化。我们可能会说："在那种状况下，实在让人无从选择！"

有趣的是，在人们的对话中，彼此的想法往往会有较大差异。有一次，一个朋友和我聊到她男朋友最近向她求婚的事。她说，她男朋友已经向她求婚好几次了，她每次都几乎忍不住要答应他。

"那你为什么不答应他呢？"我问。

"因为在最后一刻，我会开始想到自己，我为什么要结婚？我一点也不觉得孤单！我不想生小孩，也不需要经济援助。结婚对我的现状来说没有什么好处，所以我就拒绝了。"她的婚姻观跟我截然不同，在那一刻，我无法将她的价值观和我的思考逻辑放在一起。我不会因为婚姻对我有什么好处才结婚，我和一个人结婚是因为我很爱她，想要和她分享生命中的一切。从这里我们可以看到，我的那个朋友比较自我，而我比较无私。

如果你可以判断对方比较倾向于自私还是更倾向于无私，你就会知道如何说服他。假设你的工作是向公司提供临时协助的服务，而某公司的人力资源主管是一个以自我为中心的人，那你必须告诉他，你将会为他省下多少力气，避免多少麻烦。如果他比较无私，你就要强调这将为他的公司带来多大的贡献。如果你是汽车销售员，最好告诉自私的客户，开这辆车的感觉将有多好、多棒！但面对无私的客户时，则要将焦点集中在这部车有多么安全，全家人坐在车上一定都会感到非常舒适。

你可以从客户说话的方式来分析他究竟是自私还是无私。如果比较自私，会表达较多利己的观点；如果比较无私，就会经常强调对他人的好处。

快乐与痛苦

每个人在"快乐与痛苦"的量尺中都会有自己的位置，在面对抉择时，我们的决定都根据这个位置而来。在量尺的一端是追求快乐的人，另一端是逃避痛苦的人。

影响人们决策的关键在于他们在"快乐与痛苦"的量尺上所处的位置。如果你的客户倾向追求快乐，他就会购买可以带给他快乐的产品，反之亦然。

其实，我以前并不太了解这两种特性是如何影响人们的行为的，直到我和儿子约翰一起去攀登瑞士的马特洪峰（Matterhorn）时，才明白其中的道理。我们的法国向导盖伊（Guy）的一席话，是我这一生听过最激励人心的话。攀爬过程中，我一度找不到合适的着力点，所见之处的岩石都非常平滑。盖伊在我上方，我们间系着一条绳索，我听得到他的声音，却看不见他的人。我大喊："盖伊，这里过不去，根本没路可走啊！"

他回答："罗杰，你会找到一条路，如果你找不到，我们就得在这山上过夜了。"那时，我生平第一次了解到当什么都不做将带来的痛苦大于前进的痛苦时，就会引发行为的动机。于是，我想尽办法

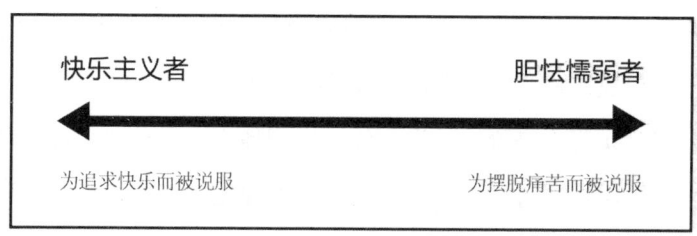

图 15-3　快乐与痛苦的量尺

荡到另外一块岩石上，终于找到一条出路。

　　你处于量尺的什么位置呢？这跟你有多坚持原则关系密切。有一次，我和几个熟识的老板共进晚餐，他们告诉我："罗杰，我们明天要去打高尔夫球，那个球场就在海边，要不要一起来？"我想你一定也遇过这样的两难状况，在享乐活动所带来的愉悦，以及为短暂享乐而使工作堆积如山所带来的痛苦中作出选择。如果你是我，你会怎么做？我的工作算是自由职业，所以没有请假的困扰，但是我得面临出版社给我的截稿压力。如果明天和他们去打高尔夫球，回来后我就必须挑灯夜战，才有可能赶得上进度。换了你，你会怎么办？

　　也许你觉得这有什么好烦恼的："你疯啦？当然要去打高尔夫球啊！怎么可以白白错失和那些老板社交的好机会？"又或者你觉得："罗杰，如果你再继续这样玩下去，永远都不可能把一件事做好。你应该去工作，以后有的是时间去打球。"而我应该是中间的人，最后我决定和他们一起去打球，但也因此而有罪恶感。

　　这是所有人类行为的基本动机，你运动是因为享受运动的乐趣，还是为了预防心脏病？你照老板的指示做事是为了表现自己很合群，还是怕他对你生气？你每周修剪院子的草坪是为了美观，还是担心若下星期草长得更茂密就更难以处理？

　　我们经常可以看到说服高手利用人们不同的动机，来完成目的。如果你遇到一个喜欢追求快乐的客户，就引导他想象拥有这项产品可以带来的美好生活。如果你发现客户是个想要避免痛苦的人，就要让他知道决定购买后能避免不好的事情产生。

如何辨别客户是哪一种人？你可以问他们："你觉得这件事情怎么样？"用开放式问题，不要只让他们单纯地回答"好或不好""对或错"。开放式问题可以引导他们说出心里的感受，其中很可能就包含一些你试图了解的信息。

如果你的客户说："我们公司正在考虑扩大生产线，研发一些新产品。"

你问他："那你怎么看待这件事？"

如果客户是个追求快乐的人，他会说："我觉得这个点子很棒，可以让我们接触更多新的消费者。"如果他是一个想要逃避痛苦的人，则会说："我对于多样化经营有点迟疑，担心此举将模糊我们的核心事业。"

或许有的销售经理会说："我正在考虑公司是不是要进军佛罗里达州？"

在你告诉他心中的看法前，应该先问："那你觉得呢？"如果他倾向于追求快乐，他会说："这是个令人充满活力的点子，有很多人想尽办法要去那里发展。"如果他是个想要避免痛苦的人，他会说："我不太确定是否应该进军那个市场，但如果不这么做，我们可能很难在竞争中生存下来。"

独立与依赖

最后，让我们来看看每个人都会被影响的一个动机。有些人非常在意别人的想法，有些人则不太在意。心理学家将这种特性称之为"区域依赖"（field-independent）和"区域独立"（field-independent）。

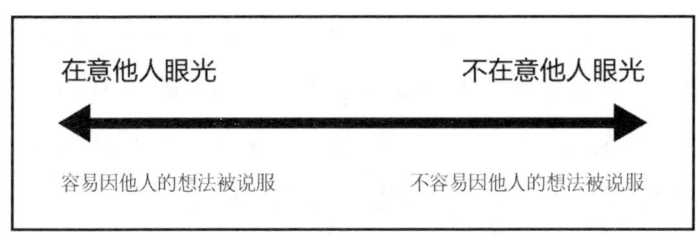

图 15-4　独立与依赖的量尺

在意他人态度的人，时常会被周遭的环境所影响，情绪也容易被身边的人感染。如果大家都感到快乐，他们也会感到快乐。这一类人通常不太喜欢看新闻，因为他们一旦看到不好的消息就会深受影响。

不在意他人态度的人对身边发生的事比较不以为然，就算是去人数众多的市政府广场和大家一起倒数迎接新年，他们也不太容易感到兴奋。有一部电影叫作《罗杰和我》(Roger & Me)，电影的主角是通用汽车的总裁罗杰·史密斯（Roger Smith）——一个完全不在意他人眼光的人。迈克尔·摩尔（Michael Moore）拍摄的罗杰并不全是事实，而融合了他自己对于罗杰的认识。

在量尺两端的人各有优缺点。我们先来看看容易被他人意见左右的人。他们非常在乎别人的看法，从正面来看，他们体贴且凡事都会考虑别人，从负面看来，他们没有自己的立场，风从哪里吹来，他的头就会倒向另一边。这种人通常是跟随者而不会是领导者。

不在意他人看法的人则不在乎别人想什么。从正面来看，你会觉得他是社会上的领导者，总是走在最前面进行改革。他们就是心理学家马斯洛所说的重视"自我实现"的人。他们不在意自己是否被别人喜爱，也不征询他人的意见。从负面来看，这种人有时会被认为太夸张，太以自我为中心。

你必须学会识别客户位于量尺的哪个位置。有一个很棒的方法可以供你参考：问问客户他觉得自己的表现好不好。假设你想要把家具卖给一个中型连锁酒店，正在和该酒店负责采购的副总裁开会。当会议进行到某个程度时，找出你觉得适当的时机，问他："我一直很好奇，像你们这么大一家酒店，你如何知道自己的表现好不好？"

一个在乎他人看法的人会说："我跟其他员工一样，每年都会拿到一份年度评估报告，老板也会告诉我他的看法，他还算蛮客观。"一个不在意他人眼光的人可能会说："我不需要别人来告诉我，如果我自己的表现没达到标准，我当然会知道。"

你也不一定要这么直接断定客户是哪种类型的人，也可以去注意他聆听别人意见时的专心程度，分辨他是否在意别人对他的看法。不在乎他人眼光的人会说出类似"这是我自己的事，我不在乎别人怎么想""我要凭我的直觉去处理这件事"或"他们根本不知道什么才对自己最好"等。

一个在意他人想法的人会说"在行动之前，我想问问大家的意见""我必须提出几个方案来供评审委员选择"或是"我可不希望因此而被大家讨厌"等这样的话。

分析客户是一个在意或不在意别人看法的人，可以帮助你制定对付他的说服策略。面对在意别人看法的酒店用品采购负责人，你可以说："客户根本就不会注意到你们的床垫是不是高级货，他们只在意好不好睡。而你的责任就是为客户着想，不是吗？"如果你遇到的是一个不在意别人眼光的人，最好这么说："没有人会在客户意见表上抱怨你们的床垫好不好睡，但是相信我，客户很清楚自己是不是睡得好。如果他们整夜没睡好，他们就不会再次光临了。你不希望这种事情发生吧？"

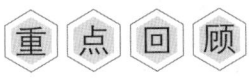

1. 如果你的客户是个思考可能性的人,他在和你交易时更重视能够从你这里得到什么好处;而讲究必要性的客户往往比较关心改变会不会带来损失。你必须告诉这类客户,他们的世界会继续正常运转,所有事情不会为此而改变。

2. 如果你遇到一个喜欢追求快乐的客户,就引导他想象拥有这项产品可以带来多么美好的生活。如果你发现客户是个想要避免痛苦的人,就要让他知道决定购买后就能避免不好的事发生,而且也不会有其他困扰或麻烦。

3. 影响人们决策的关键在于他们在"快乐与痛苦"的量尺上所处的位置。如果你的客户倾向追求快乐,他就会购买可以带给他快乐的产品,反之亦然。

4. 有些人非常在意别人的眼光,有些人则不以为意。对付在意他人眼光的客户,你要强调有许多人会称许他采用你的提案;面对不在乎他人意见的客户时,则要强调他该如何建立领导者的角色,并且做出有魄力的决策。

| 第 16 章 |

客户购买的心理流程

在第 15 章中,我们分析了客户内心世界的参考框架,他们具有什么特性,应该用什么方法来说服。现在,你应该已经掌握了那些重点,换句话说,你应该已经可判断出客户的内心状态,并且以最适当的方式来说服、吸引他们。

让我们回到现实的一面,也就是最为关键的时刻——客户到底要不要接受你的提案?在本章中,我将告诉你,无论客户是否被说服,他们在作出决策前所经历的一些过程。

握手时间

自信的人通常很快就能作出决定,他们只看一眼你的提案报告,就决定是否要照你的提议去做。而那些不自信的人,则需要花一点时间来思考。

当你说服某人购买你的产品时,对方是否自信非常关键。如果他很自信,而你没有尽力说服他买,他可能会觉得有什么地方不对劲。他或许会反问你:"难道你觉得这个产品不值得推荐吗?"相反,如果你不停向一个不太自信的人强力推销,在他还没有作出决定前,过度推销可能会产生负面效果。这种人面对高强度的推销会产生抗拒心理，认为你是要逼他在还没有思考清楚前就作出决定，而这表示你的产品不够好，不能让他仔细评估。

幸运的是，辨别客户是否自信并不困难，甚至可以说非常简单。自信的人会以强有力的方式和你握手，谈生意的过程也不拘泥形式。这种人需要充足的资料帮助他们作决策，但是不要过多。他们会想："拜托！不要给我这些乱七八糟的东西，你以为你要骗谁啊？你只要告诉我事实就好了。"

相反，一个不自信的人和你握手的时间非常短暂，而且会希望在正式谈生意前先花一点时间了解你这个人。这一类客户会说："嗨！真高兴又见到你，请进请进。要不要喝一杯咖啡？"

所以，如果你要说服的客户很自信，在决定成交与否的前一刻，简要地告诉他关于产品的事实，并直接问他是否接受你的提案；如果他不够自信，你可以慢慢来，将你收集整理的信息和他分享，并且确认他对你感到非常自在，然后再慢慢推动他作出决策。

打招呼的方式

接下来，你要判断你的客户是不是一个感性的人。你可以通过打招呼看看对方是否热情。感情丰富的客户一见到你就会表现出温暖而兴奋的情绪，并且对你会非常有礼貌；理性的客户会用一般生意人的态度来应对你，甚至让你觉得受到了冷落。如果你同时和一个感性的人及一个理性的人共进午餐，你很容易从中发现差异。感性的人对服务员非常友善，他会直接叫服务员的名字，并询问他们的建议；理性的人会忽视服务员的存在，除非当他需要什么服务的时候才会叫他们过来。他甚至连菜单都不看，只是说出自己的需求，

然后要服务员去解决。客户对你提案的反应态度，取决于他的感性程度及自信程度。以下有 4 种不同的反应方式：

1. 感性且自信："让我们立刻开始行动吧！这个案子听起来很棒，我多快可以看到它的成效呢？"
2. 感性但不自信："我真的很感激你告诉我这些信息，我很喜欢这个点子，但是在还没和其他员工讨论前，我不能就此决定，希望你能体谅这一点。"
3. 理性且自信："如果你能够证明这方案确定可以赚大钱，我今天就跟你签约。"
4. 理性而不自信："我看得出来你准备得非常认真，从你的调查中可以证明我们该怎么做才对，我应该给你一个机会继续讨论下去。"

客户感性、自信的程度如何，会影响他们的决策。因此，比较简便的方法是将客户划分为以上 4 种类型中的一种。但注意一点，你要先以他们是否自信地决策作为首要因素，然后再考虑他们是否感性。

现在让我们回过头来谈谈客户如何回应你的提案。当你试着要说服他们时，他们通常会采取两个基本的步骤来思考：他会先听听你到底说些什么，然后以有意识或无意识的方式来处理信息。

客户怎么处理你的信息

现在让我们来讨论先前提到客户作出决策的第一个步骤：倾听你说什么。人们在倾听时，有人是以开放心态来对应，有人以封闭心态来对应。

在评估你所说的话时，拥有开放心态的人是依据他们所观察或听到的信息为基础。他们没有什么预设立场，他们会将意见和态度建立在你提供的信息之上。封闭心态的人在分析你说的话时，是根据已知道的相关信息作为判定基础的。举例来说，这种人一旦认定日本车制造比较精细后，你向他提出再多反证，他也不会相信日本车不精细。这种客户和过去一直合作的供应商通常会相处比较愉快。

很显然，封闭心态的人比较难以说服。当你面对开放心态的人时，你只需要告诉他产品的功效，并让他了解这个产品对他的好处即可。但面对一个有着封闭心态的人，你的说服还要包括实际操作证明。如果可以的话，最好让他们亲自试验感受。

当你不是很清楚客户的心态是开放还是封闭时，该怎么办？假设你的公司专门制造玻璃瓶，你正接触一家制造意大利面条调料的公司，希望他们能改用你们公司生产的玻璃瓶。你去找负责这个业务的主管，并告诉他："我记得你说过，你们公司目前的玻璃瓶供应商在这个行业中最优秀，但是我很好奇，你怎么知道他们最优秀呢？"

如果对方回答："我从来没有听过生产部门有什么抱怨啊！"或是："我看过关于品质的评估报告。"如果是这样，你就可以判定他是一个拥有开放心态的人，恭喜你！然而，如果这个人说："依我每个星期的观察，它们的瑕疵率不到1％。"这时你就必须意识到，若要成功说服他，就必须让他亲眼看到你的产品品质。

客户决策过程的第二个步骤，是关于他们如何处理你提供的信息。假设在第一阶段，你已经成功使封闭心态的客户愿意接受你的新信息，接下来你要考虑的就是他们究竟是有无意识地在处理你的信息。当你在提案时，有意识的信息处理者会运用5种感官评估信息，无意识的信息处理者则靠直觉来感受提案。让我们重述5种感官的要点，你可以借此了解有意识的信息处理者如何使用感官来评估信息。

感　官	重要性	范　例
视　觉	看	画　家
听　觉	听	音乐家
触　觉	摸	陶艺家
味　觉	吃	厨　师
嗅　觉	闻	香水商

表 16-1　用感官来评估信息

虽然有些人非常依赖触觉、味觉或嗅觉这几项感官来从事专业的工作，但大部分的人更依赖视觉和听觉。

有一种方法可以辨别你最依赖哪一种感官：请你闭上眼睛，并回想你 10 岁时所居住的房子，请专心想 15 秒后才睁开眼睛继续往下读。

你的脑海是先浮现你房间的景象，或是先听到某个声音（小孩的笑声或妈妈在厨房做饭的声音）？在本书第 3 章，我曾告诉过你大多数人属于视觉导向。他们相信看到的事情，远胜听到的事情。在这里并不是要你去分析客户 5 种感官的支配能力，我想要强调的是，有些人会依据他们的感官感受来决定是否被人说服，有些人却依赖第六感来判断，也就是直觉。在分辨视觉或是听觉导向的人时，可以根据他们说的话来判断。

假如你认定要说服的对象是一个靠感官来思考的信息处理者，你就必须将你的诉求具体化，因为他要依据事实来判断，所以你的诉求务必要能够看得到、听得见、摸得到、闻得到或是尝得到。你可以运用各种方法让他亲自体验你的产品，如果你卖的是食物或饮料，就让他试吃或试喝，让他闻一闻味道，这样的说服方式直接而有效。

视觉导向	听觉导向
我看到你说的重点	我听到你说的话
请看看这个地方	请听我说
需要画张图来说明吗	要将单字拼出来吗
我表现得够清楚吗	你听到我的话吗
看起来应该会成功	听起来不错

表 16-2 视觉导向与听觉导向

相对的,有些人无法用感官来理解你的提案,他们通常是根据天生的感应或直觉来判断,我们称他们为感觉导向(以感觉为重)。当我们在视觉、听觉导向之外再加上感觉导向这个类别时,你可以从表 16.3 区分三者的差异。

视觉导向	听觉导向	感觉导向
我看到你说的重点	我听到你说的话	我觉得你是对的
请看看这个地方	请听我说	请感觉一下这个
需要画张图来说明吗	要将单字拼出来吗	你可以领会吗
我表现得够清楚吗	你听到我的话吗	你懂吗
看起来应该会成功	听起来不错	我觉得很好

表 16-3 三者的差异

对于感觉导向的人(无意识的信息处理者)来说,你让他看、听、闻、尝、触碰你的产品的感官经验并不是那么重要,你要在他脑海中勾勒出生动的图像,让他在精神层面感受和你合作将得到的感觉。

1. 自信的人通常很快就能作出决定，他们只看一眼你的提案报告，就能决定是否要照你的提议去做。而那些不自信的人，则需要花一点时间来思考。

2. 如果你要说服的客户很自信，在决定成交与否的前一刻，简要地告诉他关于产品的事实，并直接问他是否接受你的提案；如果他不够自信，你可以慢慢来，将你收集整理的信息和他分享。

3. 在评估你所说的话时，拥有开放心态的人是依据他们所观察或听到的信息为基础。他们没有什么预设立场，他们会将意见和态度建立在你提供的信息之上。封闭心态的人在分析你说的话时，是根据已知道的相关信息作为判定基础。

第三部分

让客户喜欢和你交易

个人魅力是有效说服的关键。

想达成说服，

你要在每位客户面前，

成为独具魅力的那个人。

| 第 17 章 |

同等条件,为什么选择你

什么是魅力?

魅力如此珍贵罕见,即使人们并不认识你,也会因为你的魅力而喜欢你。

魅力如此难以捉摸,使得人们愿意追随你,并且甘心受你影响。

魅力如此难以形容,即使是在一个挤满人的房间里,别人也能在老远就看到你,并且想要穿越人群来到你身边。

曾经有一个销售员告诉我:"罗杰,你知道吗?客户和我做生意的唯一理由,就是因为他们喜欢我。"至于名人们如何善用自己的魅力,就不用我多讲了。只要阿特·林克莱特(Art Linkletter)[①]一站上讲台,就会获得观众如雷的掌声。他告诉我:"罗杰,我可以告诉你这现象什么时候开始,但我始终搞不懂个中缘由。"

当我们亲眼看到或参与那种场面时,就会知道那是魅力的作用,但是这很难用言语精确地解释。肯尼迪是一个非常有魅力的人,尼克松就不是,这也是尼克松在 1960 年的总统大选中落败的主因。大家认为里根很有魅力,但老布什就没有。克林顿独特的魅力是其他

---
① 美国著名主持人、演讲家、作家、政治家。

美国总统所没有的，就连他的对手也都承认这一点。

很多人认为罗伯特·雷德福（Robert Redford）①很有魅力。你可能会说那是因为他长得好看。难道魅力只是用来形容一个长得很好看的人吗？绝对不是。美国著名老牌演员查尔斯·布朗森（Charles Bronson）长得很丑，却魅力非凡。

你是否曾在生活中遇见一些男模特儿？那些在汽车广告中俊秀挺拔的男模，在生活中往往就像贴着他们肖像的广告板一样没有深度。那么，究竟什么是魅力？也许你曾听说过，"魅力"（charisma）这个字源自古希腊文的"礼物"，意指上天赋予的神奇才能，例如可以治疗疾病或传教布道的神奇能力。

德国社会学家马克思·韦伯（Max Weber）是近代第一个提出这个用语的人。他也认为魅力可以经由学习得来。现代法律无法强行规定人们的行为模式，但人们还是会有某些共同的特定行为，就像以前的人会被魅力吸引，现代的人也不例外。韦伯将"魅力"定义为另一种形式的影响力，拥有这种特性的人可以轻易说服他人。

一般人对"魅力"的定义是一个人所具备的不凡特性，使他能够赢得人们的支持，获取帮助。当你走进一个房间时，立刻感到每个人都在注意你，这感觉是不是很棒？当你走进客户的公司，你知道他一定会满脸笑容迎接你，并按下内部通话键对秘书说："我在谈很重要的事，不接电话。"那感觉很酷吧？

塑造形象，魅力很重要

"魅力"是一种非语言形式的说服方法。说服高手都知道，在他们给别人的印象当中，至少有一半以上是靠非语言的形式得来。

---

①好莱坞著名演员。

美国南加利福尼亚大学曾经做过一个研究，想知道人们在销售时如何表达情绪。研究结果显示，在我们传达的情绪中，只有7%来自语言，37%是来自你如何强调说过的那些话，其余55%都是非语言的方式。

我的朋友乔治·沃尔瑟（George Walther）曾告诉我，这个研究常被错误引用，因为这个研究结果只能解释情绪表达的部分，而非整个沟通过程。不过，无论研究结果如何，人们对于你的观感远比你说什么重要，这一点毋庸置疑。

如果某人愤怒地瞪着你并生气地说道："你这个混蛋！"你会感受到他表现出的是完全的鄙视。如果他只是笑着轻轻拍你的肩膀，并说："你这个混蛋！"这会让你感到他对你很友善，甚至有一点恭维的意思。

语言学家很喜欢举的一个例子就是"我并没有说他偷了我的车"。这句话是什么意思？你强调的地方不同，它的意思也随之变化。

1. **我**并没说他偷了我的车（我没说，是我的律师说的）。
2. 我并没**说**他偷了我的车（我没说，但我写信给新闻记者）。
3. 我并没说**他**偷了我的车（他叫他的司机偷的）。
4. 我并没说他**偷**了我的车（我不是说偷，我是说盗取）。
5. 我并没说他偷了**我**的车（那不是我的车，是我太太的车）。
6. 我并没说他偷了我的**车**（不是轿车，而是小货车）。

从这个例子你可以了解到，为什么上述的研究会指出：人们对于你表达情绪的印象有37%是来自你如何强调自己说的话。至于剩余的55%则都是非语言的印象，可能是你的肢体语言或是说话时展现的魅力。

没有魅力的样子

在"优势说服研讨会"中,我会问观众:"什么是魅力?"这是一个非常有趣的问题,因为几乎没有人可以明确定义"魅力"。当你发现很难定义某件事时,可以试着反向思考,想想它的相反现象或事物是什么,这样会比较容易。那么,我们就来说说什么是"没有魅力"。你可能很难定义出"魅力"的特质,却能轻易分辨出那些你不喜欢的人,不是吗?

通常来说,你会很讨厌以自我为中心的人,因为他只关心自己的利益,就像保罗·盖蒂(Paul Getty)①一样。他曾是世界上最富有的人,却没有人想变得跟他一样,因为自私自利。船王亚里士多德·奥纳西斯(Aristotle Onassis)就说过,他和保罗·盖蒂的关系仅限于生意,因为这个人根本只关心什么对他有好处。

如果我们都同意自私自利的人最没有魅力,那么与此同时,有魅力的人应该就是那些不以自我为中心的人。在他们心中,永远都会考虑到其他人,而不单单只有自己。有魅力的人对他周围人的情绪非常敏感,而且能感同身受,这就是他们充满魅力的原因所在。

如果你有机会请特蕾莎修女谈谈她自己,她可能很难回答这个问题,因为对她而言,她的心与世界上每个人同在。马丁·路德·金(Martin Luther King)也拥有类似特性,他把自己身为黑人的困境与世界上所有黑人所面临的困境联系在一起。

想要成为一个真正有魅力的优势说服专家,你就不能总以自我为中心。不管怎样,光是觉得自己很有魅力远远不够。要成为一个说服高手,你必须对其他人展现出魅力。

---

① 石油怪杰,20世纪60年代世界首富。

1. 说服高手都知道,在他们给别人的印象当中,至少有一半以上是靠非语言的形式得来的。
2. 人们对于你表达情绪的印象有37%是来自你如何强调自己说的话。至于剩余的55%则都是非语言的印象,可能是你的肢体语言或是说话时展现的魅力。
3. 当你发现很难定义什么是"魅力"时,不妨想想什么是"没有魅力"。
4. 有魅力的人对他周围人的情绪非常敏感,而且能感同身受,这就是他们充满魅力的原因所在。

| 第 18 章 |

让客户知道你很特别

好了！现在你该知道什么是魅力了，但你知道应如何展现魅力，好让人们疯狂爱上你吗？在本章中，我将教你一些展现迷人魅力的原则。

对待每个见到你的人时，你都要让他们觉得自己很重要。这说起来容易，要做到却很难。你每天遇到的人，对你的重要程度都不同，例如餐厅泊车的小弟可能就没有服务员那么重要，这两个人和你的客户比起来，又显得无足轻重了，但无论如何你都应该传达出一种印象，让别人觉得你很重视他们。

你可能会质疑这样太虚假、太做作，但坦白地说，我并不这么认为。一旦你接受这样的信念并养成习惯后，就会发现你所遇到的每个人的确变得重要了。

在研讨会和演讲时，我有个习惯，即在会议或演讲开始前，站在门口欢迎每个参加的人，并且和他们一一握手。如果是比较小型的研讨会，我一定会和所有参会的人握完手才开始进行活动。如果有人悄悄从我旁边走过，我会记住他们的穿着，然后在开始演说前走向他，并说："刚刚进场时没有看到你，你好，我是罗杰·道森。"

如果人群从四面八方涌进会场，虽然无法接触到每个人，我还是会花15—20分钟站在入口处，一次迎接500多名听众。这么做的效果仍然非常惊人。

首先，会议筹办人几乎无法相信我竟可以做到这个程度，他们最典型的反应是："我负责筹划这类演讲已经10年了，从来没见过一个演讲者像你这样站在门口迎接听众。"

其次，这个小动作可以提升观众的发言意愿。没有人会刻意刁难演讲者，毕竟这个人刚刚才和他们握过手呢。

最后，通过这个动作，我可以初步掌握到听众的情绪。

不过，更重要的是我的确乐在其中，而且因此受惠不少。在短短的时间里，每个人不同的反应真是相当有意思的。当我伸出手说"你好，我是罗杰·道森"时，有的人表现得很自在，有人则显得很困惑，这时我会加上一句："我就是今天的演讲者。"

我很虚伪吗？不！我是真的乐于认识他们，想想看，谁会想一个人孤单地生活在这个地球上呢？有其他人的陪伴，我们的生活才更有意义。我们总是把时间与努力花在累积金钱上，想想还真是悲哀！我想说的是，当我们的生命走到尽头时，你会发现生命中的喜乐都由那些你遇到的人所给予，而不是你累积的那些金钱。

值得注意的是，不要对人表现出施恩的态度。如果这个人的工作是帮你寄放外套，就让他好好做自己的事，避免言不及义的闲聊，因为那只会影响他的工作，并让他觉得你是在刻意表现谦逊。

勤加练习握手

如果我们真的能将自我延伸到周围的每个人，那么在和别人握手的短短一两秒之内，我们就能接收到正面的信息。你是否曾请朋友或同事检验你握手握得如何？你在握手时给人的感觉像抽水机、碎石机，还是像一条滑溜的鱼？你应该请一位女性及男性朋友表示对你的握手的看法。

现在让我教你几个秘诀，让你可以引导对方回答你的问题。如果你问："和我握手的感觉如何？"对方通常都会回答："很好啊！"所以请试着问："你认为和我握手感觉如何？从1—10分，你会打几分？"他们可能会说："很好，大概8分吧。"然后你继续问："那你觉得我应该怎么做才可以得到满分？"

这是一个非常好的方法，可以帮你探究出想得到的信息。假如你是一个销售员，而你无法得知客户是否已经决心要购买了，这时你可以问他："你对于购买这个设备的兴趣有多少呢？从1—10分，你会打几分？10分表示你已经准备好要买了，1分是根本不想买。"这个方法我用过无数次，从来没有人拒绝回答。

如果客户回答："大概6分吧。"你可以说："那请问我要怎么做，才能让你给10分？"他可能会说："好吧，你们产品的最大特色是可以省电，但是我需要的省电比例要更高，如果你的设备可以达到我们的标准，我就愿意购买。"

正中目标！短短几秒你就找出了问题所在，并且得到客户的承诺——当然，前提是你要能解决这个问题。

假如你是一个销售经理，正要聘请一个新销售员，你必须确认你所能支付的薪水是否足以吸引对方来公司上班。你可以问他："现在，你愿意加入我们公司吗？如果从1—10分，你会打几分？10分表示你决定要加入我们了，1分表示你要拒绝这份工作。"你立刻可以得到一个确切的答案，了解对方的心意，而不用问薪水是否令他满意。

这是我所知道最有效的方法之一，可以挖出人们心里的想法，而且几乎每次都奏效。现在，让我们回到握手这件事。如果你的朋友认为你的握手技巧还不够好，请务必勤加练习，并且请你的朋友给你一些建议。

请注意！在和客户握手时，你的眼睛也必须做一点事。过去在欧洲，女士允许男性朋友亲吻她们的手。当男士的唇轻轻贴在女士的手背上，并且深情款款地看着女士的眼睛时，真是相当动人。时至今日，眼神的魅力依旧不变。有魅力的人都知道善用眼神的秘诀，尤其当你在和别人握手时，一定要专注地看着对方的眼睛，最好能记住他们眼睛的颜色。养成这个习惯不仅会让你直视对方的眼睛，还会让你的眼睛看起来炯炯有神。当你和客户四目相望时，周遭将会激荡出奇妙的互动气氛。

良好握手习惯还包括你在握手时心中投射出的意念。如果你相信"氛围"这个概念，那么握手和眼神的交会，的确可以交织出某种奇妙的氛围。我相信，人们在无意识的状态下有一种独特的感应能力，可以看穿他人的心。所以当你在和别人握手时，应该展现出正面的意念与思维。如果对方是异性，你心里就要想着："这个人就是我心目中理想的对象！"如果对方是同性，你不妨想着："他真是个大好人，我真想多了解他一点。"这会不会很蠢？一点也不。当使用这个方法时，你将和对方建立起你想要拥有的关系联结。

所以，有魅力的握手动作一共包括3部分：正确的握法、专注的眼神，以及正面的思想投射。

让我告诉你一个关于握手的故事。1962年，特迪·肯尼迪（Teddy Kennedy）正在竞选参议员。某天一大早，他在一家工厂门口和每个来上班的员工握手，有一个全身油污的工人对他说："特迪，我想你这一生从来没有做过一天工吧？"这正是他的对手一再攻击他的一点，特迪·肯尼迪镇定地接了这一招。这名工人热情地握着他的手，继续说："不过，我想你还是够格的。"

真心称赞并不难

真心称赞他人并不像听起来那么难，你只要想着："阿谀谄媚是客户想听什么就告诉他什么，但真心称赞并不是这样。"人们不愿意称赞别人，主要是自尊在作祟。很多人会困惑不解："为什么他会在意我的想法？我又不是什么重要人物。"当你心里出现这种声音时，意味着对方很可能想着同一件事，不是吗？

我曾经在俄勒冈州的一次汽车经销商联谊会上发表演讲，在午餐时间大约有200名会员和他们的家人一起在会场用餐。负责主办活动的执行总监引起了我的注意。他没有一直坐在贵宾席不动，而是不停在整个会场内来回走动，和每个会员寒暄问好。他似乎知道每个人的名字，而且表现出很高兴见到他们的样子，看起来他就像是个参议员或想要参选的政府官员。不过，他的态度十分诚恳。

他给我留下了非常深刻的印象，所以我回到家后立刻寄了张卡片给他，告诉他我从未看过其他人比他更诚恳热情地对待每个人。在寄出卡片的前一刻，我也曾有过一丝疑虑，因为我从来没做过这种事，担心他误以为我在刻意讨好他，但最后我还是鼓起勇气寄出了那张卡片。

几个月后，我因为别的事和他通了电话。电话一接通，他立刻告诉我当他收到卡片时有多么高兴。我早就忘了这回事，好不容易才搞清楚他在说些什么。对于他如此看重我，我感到相当惊讶。此后，我发誓再也不要吝惜于称赞别人。

假设你是销售经理，有一天你的销售员告诉你："经理，你从来没说过我做得很好。"很多人有过这种经验，有时我们的反应还会有点冷酷无情，我们脑中想的是："拜托！我们可不是在幼儿园玩耍，今天公司付钱给你就是要你工作，我没有时间陪你玩这种游戏。"这

就有点像丈夫对妻子说："不要一直问我爱不爱你，我当然爱你，谁叫我是你丈夫。"

让我告诉你一个真实的故事，这段经历让我后来不断提醒自己，要适时鼓励我的员工。希望这个故事也能够改变你的想法。有一次，我到拉斯维加斯演讲，演讲结束后我坐在会场的最后面。该公司的总经理上台对负责举办活动的员工表示感谢，并称赞他们非常成功地完成了任务。他同时也特别感谢自己的助理，因为她为了这个活动的成功举办非常辛苦地加班。这种千篇一律的感谢，我大概听了不下千百遍。他的助理恰巧坐在我旁边，我转身向她表示恭喜，结果她的泪水竟夺眶而出！短短一句称赞就让她如此感动，甚至后来还快速起身离开会场。后来我才知道，原来这个总经理之前从没称赞过他的助理。

对员工来说，领导称赞的意义非常重大。如果哪一天你称赞手下的某位销售员，结果他竟然泪流满面，你就必须重新思考一下你对员工的态度。

我们必须扫除一个观念，即人们会以为我们的称赞是谄媚或虚伪。事实上，当你看到有人做得不错或是做对事时，就应立刻称赞他们。人们真的非常在乎他人的想法，所以当你提及或关注到他们的作为时，他们一定会非常感激。

外表很重要

每个长得不好看的小孩，他们的父母一定都会说："外表一点都不重要！"一定要在小孩很小的时候灌输这个观念，因为当他们进幼儿园，过了一个星期左右，他们就会认为长相真的有影响。

本章我们要讨论的是非语言的说服方式，因此讨论长相的确有其必要性，而我也必须直接告诉你长相真的很重要。如果你觉得你在长相上并没有得到老天爷公平的对待，千万不要感到焦躁不安，魅力主要来自你做了哪些事，以及你散发出自然天成的一种愉悦气氛，而不是你的外貌好不好看。

富兰克林·罗斯福（Franklin Roosevelt）坐在轮椅上的时候，可说是白宫有史以来最有魅力的人；阿道夫·希特勒（Adolph Hitler）长得又矮又丑，但他拥有吸引周围人的魅力，且这种魅力足以激发群众行动，让他们随着他运转。

请注意一点：你的外表好不好看有90%取决于你的穿着打扮，而不是你的脸。如果你目前的穿着风格不适合你，或者你总觉得自己的打扮品味有问题时，不妨找个形象顾问来帮你。专业的造型家会告诉你适合穿什么颜色，避免穿什么颜色。或者，你也可以请身边穿着得体的朋友给你一些建议。千万不要放弃自己的外表！

有些人没有自信，是因为他们认为自己的外表已经没有救了，所以放弃了改善的机会。他们不在乎自己的穿着，也不想整理发型，或是穿一些流行的衣物。当年你父母告诉你长相真的不重要时，其实你的心里并没有完全相信，对不对？

现在，要对你的衣柜进行一次无情的检查。买衣服的确是很大的一笔支出，就像买车一样，但相信我，这绝对是一项非常值得的投资，因为这是花钱来创造赚钱的本钱。

首先，我要谈谈干洗衣服这件事。如果你现在还有一些穿过的衬衫或短上衣在家里，赶快将它们送洗吧。花个几十块就可以让专业人士帮你清洗、熨烫，让衣服看起来更好。你要按时将衣服送到干洗店，一件衬衫穿过几次后就一定要送洗。我知道这的确很花钱，但是有魅力的外表会让你成为更有魅力的说服者，这一点投资绝对有必要。不要担心，你将来赚取的钱是这些干洗费的千百倍。

接下来,请走到你的衣柜前,将过去一年你从未穿过的衣服拿出来。你将惊讶地发现你有那么多穿不到的衣服,却还没有将它们处理掉。

我曾经在拉斯维加斯看演员比尔·科斯比（Bill Cosby）的表演。他走上舞台时,戴着一顶很旧的钓鱼帽,他说他并不喜欢这顶帽子,却舍不得丢掉,因为他曾经戴着这顶帽子享受过一段美好的时光。接着,他问在场的一些观众是不是待在一些不怎么令人满意的公司上班,只是因为恋栈过去的美好时光而没有离职。现场有很多人深表赞同。很多人活在回忆当中,留着一些老东西,只是因为舍不得过往的历史。

多微笑两秒

除了得体的穿着以外,还有什么因素可让人魅力倍增呢?微笑!我认为微笑是全球共通的沟通形式。我曾到过103个国家旅游,不论在哪里,微笑都代表"我喜欢你""我相信你"及"我很高兴和你在一起"。

很多年前我曾到中国旅游,当时这个国家中的许多人从来没看过外国人。不过,即使是在中国的偏僻小城,微笑仍旧是通用的表达方式,那里的人们从来没见过外国人,但他们还是用最温暖的微笑迎接我。

当我们的双唇微微张开时就是微笑,大家都这么以为。但事实上,多数人却忽略了自己是不是一个常微笑的人,所以知道别人如何看待自己的微笑是一件重要的事情。

你可以找3个非常了解你的好朋友,问他们:"你认为我是个经常微笑的人吗?如果请你打分,1—10分我可以得几分?"我猜答案一定会让你大吃一惊,尽管你自认很随和,自觉能使人感到愉快,但是别人眼中的你可能是个严肃且不苟言笑的人。

如果你的朋友给你的分数是 7 分或更少,你就必须强迫自己经常微笑。当你和客户见面时,看着对方的眼睛并且微笑。直到对方收起微笑,你还要多微笑两秒才停止。两秒听起来很短暂,却远比想象中来得久。为了能确实多微笑两秒,你可以在心里默念"101,102",当你念完时,刚好是两秒。

感同身受,而不是同情

请不要忘记"同情"与"感同身受"的差异。刻意表现出同情的人,会让人感觉有些高傲,好像在怜悯别人一样。没有人想要接受他人的怜悯。

感同身受是将我们的感觉和客户的感觉连贯为一体,辨认并感受他们的情绪以及性情,就如同印第安人的谚语:"你没有办法真正认识一个人,除非你穿他的鹿皮软鞋走 1 公里的路。"或是像美国加利福尼亚州棕榈泉市(Palm Springs)的印第安人所说的:"除非你开他的凯迪拉克。"

你能解释同情与感同身受的差异吗?同情是当你在船上看到一个女人晕船时,伸出手让她扶着你;感同身受是走过去和她一起体验晕船的感觉。

现在请你想象一个拥有独特说服魅力的人,你可以在脑海中勾勒出他(她)的形象吗?好,现在请你继续想象,试着去感觉和这个人在一起的时候你有多舒服。你不用刻意想象这个人的特色,而是去想为什么感觉会这么好:是因为他迷人的微笑?还是这个人洋溢着欢乐、喜悦和热情呢?或是他永远给人积极向上的印象呢?

很可能都不是。如果你总是沉浸在好心情中，和别人互动时，当然很容易也让对方感受相同的情绪；如果你承受着很大的压力，例如你正面临送货期限的压力时，朋友却硬拉你出去，这时无论谁看到你都不快乐，因为你会不知不觉就将心里的压力表现出来，让人觉得焦虑不安。

在这里要分享给你的秘密就是，任何人都有能力将自己的情绪感染给他人。神经语言学专家称这种情况为"情绪反映"。当你和一个人说话时，你最好能够对他的手势、坐姿或者站姿作出反应。为什么要这样？因为当我们觉得相似的人在一起时，会感觉比较舒服。

现在就让我们来看看感同身受在生意场上的效果。乔（Joe）是一个销售办公设备的销售员，他今天来拜访一个老客户玛丽·史密斯（Mary Smith）。他和往常一样兴高采烈地走进玛丽的办公室。他看着玛丽的眼睛并充满朝气地对她说："嗨！玛丽，你今天好吗？"结果玛丽回应："喔！还好啦。"而不是像她以前一样说："我很好！你呢？"

如果乔只以自我为中心，想要快快结束这次拜访，而不是真正对周边的人感同身受，他可能会根据计划先说个有趣的笑话作为开场白，而忽略玛丽的异常反应。所幸乔是个有魅力的人，他很快发现玛丽不对劲。于是他非常有礼貌地说："玛丽，你还好吗？"玛丽的回答将给他一些指示，让他知道今天该如何开始面对她。

她可能会说："喔，还好，只是排班有点问题。我现在必须重新考虑如何安排才可以让两班员工都感到满意。我实在不愿意要求上晚班的人来上早班。他们的工作量已经够重。真高兴你今天来找我，正好可以让我暂时不去想这个烦人的问题。"这时乔就可以说出他准备好的笑话，让玛丽的心情好转，缓和一下气氛，然后再提出他今天的提案。

如果玛丽的回应是另外一种，状况又大不相同了。如果玛丽说：

"乔，我今天真是糟透了，我的狗今天早上死掉了，一想到它的模样我就想哭。"

显然，这个时候并不适合说笑话，因此，乔表现出感同身受的模样："天啊！我完全可以理解这种糟糕的感觉。我以前养过一只牧羊犬，整整养了15年，我们一家人都非常爱它，但去年它也发生了同样的事情，所以我知道你现在心情一定很糟。"

感同身受不一定只有在悲伤的时候才可以展现，在欢乐的时刻也可以。现在换一个方式来看乔和玛丽。当乔进门后，给玛丽一个灿烂的微笑时，玛丽以比以前更开心的方式回应了他。如果玛丽说："小伙子，你今天看起来心情很好，该不会是中彩票了吧？"如果乔发现玛丽比往常还要快乐，这时说不说笑话根本不重要，重点是乔对玛丽的感受深表兴趣，这会让玛丽感觉乔和她在一起。

若要对感同身受下定义就是：自然地表现出和客户的情绪有所关联。我们常常会有感同身受的情绪，却不知如何表达出来。有魅力的说服高手必须学习将点集中在客户身上，而不是自己，并且自然地表达出自己的情绪。

为什么有人具有影响他人情绪的能力？也许你的老板就是。假设有一天运输部门将你最重要客户的订单搞错并送错货，而你又无法直接控制运输部门，于是你生气地闯进老板办公室，大叫："我真是受够运输部门的人了！他们从来没有做对过一件事，我真搞不懂你为什么雇了这样一群笨蛋！"

一个差劲的老板会针对你说的话回应，而非你的情绪。他可能说："你怎么可以这样闯进来对我大呼小叫？"或"我不能因为你就开除整个运输部门"。一个善于说服员工的好老板会针对你的情绪去回应，而不是针对你说什么。他可能会回答你说："哇！看来你真的很生气，先坐下来，告诉我你为什么那么激动。"

当老板这般回应时,你的愤怒通常会很快平息,此时你可能会回答他说:"没错,我是真的很生气,但我不是真的要你将他们开除。我们到底要怎么做才可以解决这个问题?"

我敢确定你一定遇到过类似事件,对不对?你在不知不觉当中气就消了一大半,至于为什么会有这样的结果,因为对方是在根据你的情绪作出回应。

对生活充满好奇

之前我提到要了解魅力,首先了解什么是没有魅力。我曾经说过缺乏魅力的人有一个特性,就是他们通常很自我;现在我要提出另一个特征,就是"无趣"。而相对于"无趣",就是"令人着迷"。

你是否曾经带小孩到迪士尼乐园玩?你是否注意到在那里的每个小孩都张大双眼、充满惊喜?对他们来说,迪士尼的一切都让他们深深着迷。流露出惊奇的眼神也是魅力的表现。有魅力的人在聆听他人谈论自己感兴趣的话题时,会流露出融合惊奇、欣喜和享受的表情。每个人都希望自己是特别的人,或是被称赞自己某一方面的能力比其他人好,无论是工作、兴趣或管教子女的能力,等等。

一个真正有魅力的说服高手除了会将自我扩大到周边的人之外,他们也会察觉其他人的专长,例如他会制造机会让客户谈谈自己的专长。他们会去发现每个人的特色,让对方感觉自己与众不同。

我曾经遇到一个人,他爱好种植珍贵的兰花。从我前面的一些故事你可以发现,这个人的兴趣和我截然不同,我是一个热爱刺激运动的人,根本就坐不住;而这个人却那么有耐心地去培育稀有珍贵的兰花,有些兰花甚至要等15年才能花开满枝。对我来说,他的兴趣就十分令人惊奇,也让人着迷,于是我和他花了一下午的时间谈论兰花，而这一席午后对话真的丰富了我的生命！

事实上，随着年龄的增长，我越来越能对生活感觉惊奇。我们生活的世界如此的复杂，即使你花 75 年周游列国，也无法了解每个地方的风情。你很可能和一个人生活了 25 年，却突然惊觉你从没有真正认识过他（她）。你可能终其一生在研究某个领域，却对其他事物不甚了解。

请发挥想象力，想象你在浩瀚无垠的宇宙中掌管某个星球，你的星球将呈现什么风情？你是否曾经有过这种疯狂的想法？你会不会想让居住在你的星球上的人类长着不同的脚形？是不是连雪花的形状都不一样？这个星球上的每个人是不是都长得稀奇古怪？诸如此类的复杂景象是不是出现在你的脑海中？

人们以探索的目光看待世界是非常自然的现象。对于那些与我们分享惊奇的人，我们也总是毫无抵抗力。在第 19 章中，我将教你魅力的另一个因素，即幽默感。当你具有幽默感时，人们将为你的魅力所折服。

1. 对待每个见到你的人时,你都要让他们觉得自己很重要。

2. 有魅力的握手动作一共包括 3 部分:正确的握法、专注的眼神,以及正面的思想投射。

3. 我们必须扫除一个观念,即人们会以为我们的称赞是谄媚或虚伪的。事实上,当你看到有人做得不错或是做对事时,就应立刻称赞他。人们真的非常在乎他人的想法,所以当你提及或关注到他们的作为时,他们一定会非常感激。

4. 当你和客户见面时,看着对方眼睛并且微笑。直到对方收起微笑,你还要多微笑两秒才停止。两秒听起来很短暂,却远比想象中来得久。为了能真正多微笑两秒,你可以在心里慢慢地念"101,102",当你念完时,刚好是两秒。

5. 我们常常会有感同身受的情绪,却不知如何表达出来。有魅力的说服高手必须学习将点集中在客户身上,而不是自己,并且自然地表达出自己的情绪。

第 19 章
客户喜欢幽默

在古希腊哲学中，说服模式需要特性、动情力、理性，最后再回到特性。

用门外汉的语言来诠释古希腊的说服模式就是，首先要让别人喜欢你（特性），然后展现你对他人的投入（动情力）。当出现争论时，就用一点理性逻辑的力量作为支持（理性）。最后，再次利用人格特性强化他人的态度并使他们不致改变主意，并希望下次能再和你合作。

事实上，绝没有任何方法比拥有幽默感更容易得到他人的喜欢！如果你恰如其分地说出每个字、做对每件事之后，还是没办法说服客户下单，那么如同先前我提过，适当地转移客户注意力，或许能收到更好的效果。作为一名销售人员，具备幽默感十分重要。即便面对多么不友善的人，你也可以用幽默感来说服他。

早在公元前 4 世纪，亚里士多德就表示幽默感是说服的工具。他曾说，生活在群体社会中的人们，参与社会最基本的表现就是幽默感，一个人独处时幽默感则不存在。因此，在社交生活中，表现幽默是为了说服他人改变行为。幽默感就像一面高举的镜子，映照出整个社会的缺陷，人们可以从镜子中用自己的方式看到错误。最贴切的例子莫过于时事漫画了。

英国评论家、随笔作家威廉·哈兹里特（William Hazlitt）在他的经典作品《机智与幽默》（*On Wit and Humor*）中指出："人类是最会笑、也最会哭的动物，也是唯一可以辨别是非的动物。"即便到了21世纪，热衷探究幽默感的学者也不曾对此段论述提出异议。

假如亚里士多德看到如今全国的喜剧俱乐部如雨后春笋般地不断涌出，以及人们如何通过网络轻松接触到幽默有趣的节目时，他应该会下一个非常有趣的结论：我们的社会前所未有地充斥着大量的幽默，但关于什么是好的幽默则比以往更有待纠正。

说服高手认为好的幽默感具备3重作用：

1. 使客户更易于被说服；
2. 提供适当分散注意力的效果；
3. 当客户犯错时，用幽默的方式来指出客户所犯的错误不容易触怒对方。

幽默感还有一个很重要的好处，即帮你避免抓狂。在办公室的茶水间，你听到有人说："哈利怎么了？"有人回答说："他无法承受压力，迟早他会发疯。"为什么哈利会给人这种印象？有些东西坚硬却容易破碎，有些东西柔软却不会碎掉。很多著名的精神病学家都指出所谓健康的精神状态都是有弹性、充满幽默感的态度。

里根总统是美国近代唯一一个在任内让人感觉越来越年轻的总统，其他总统总让人觉得在任期内瞬间变老了，原因就在于里根拥有很强的幽默感。里根如何在如此高压力的情况下，还能保持悠然的心态？因为他非常懂得自我解嘲。在暗杀事件中，他身中一颗子弹，却把这事当成笑话告诉他太太。他说："亲爱的，子弹飞过来的时候，我忘了要低头闪躲。现在我只希望医生是个共和党员。"

当大家批评里根在内阁会议中睡着了时，他自嘲道："为了随时提防、应对紧急危难，我被要求时刻保持清醒，即使在内阁会议上也不可以打瞌睡。"

世上只有5种笑话

幽默感就像一部劳斯莱斯豪华轿车，人人都想拥有一部，却很少有人知道如何拥有它。我们都听过很多笑话，却很少有人知道如何将笑话转为幽默。幽默可以是有趣的玩笑，也可以不是。在本章中，我将告诉你如何使人们露出笑容。了解个中技巧后，你绝对可以建立个人的风趣特性。

我并不是要把你变成滑稽的演员，也不希望大家把你当成只会搞笑的人（你一定认识这种人，对不对？但他们却不见得是个好的说服者）。那种只会搞笑而不懂得适时严肃、只会耍宝说笑的销售员，因为不够认真，难以取得客户的信任。

无论如何，你越了解幽默、越懂得表现幽默，你的周围也会出现越来越多满面笑容的人。你也会被认为是一个"具有幽默感的人"。

你知道世界上只有5种笑话吗？

你可能会说："这真是太疯狂了，我一打开电视就可以看到一堆综艺明星在表演，整个晚上他们不知道说了多少笑话，而且没有一个笑话是重复的，你怎么会说世界上只有5种笑话？"没错，这是事实，那些搞笑艺人的确说了很多笑话，但是仔细分析后你会发现，这些笑话都来自5个基本的源头。要成为一个说服高手，你必须知道基本的5大笑话元素是什么。

实际上，除非你知道人们为什么会笑，否则无法成功拥有幽默感。如果你唯一可以展现幽默的方式就是记住从别处听来的笑话，然后说给其他人听，那么我希望你能将笑话以最风趣的方式陈述，也希望你的客户没听过这个笑话，更希望他们会觉得你说的笑话好笑。如果你是用这种方式，我必须诚实地说，你没有领悟机智风趣的真正精髓，你只是一个糟糕的笑话模仿者。

了解并且深入熟悉这5种可以让人发笑的元素，是入门者学习幽默说服技巧的基本课题，就像学英语要从字母开始学一样。当你了解这5种元素后，就可以轻易辨别每个笑话属于哪一类型。

夸 张

有历史记载的第一个笑话是发生在4万年前的欧洲，此笑话正是以夸张为基础的。在忙完一天的打猎工作后，一群旧石器时代的原始人围坐在火堆旁，一个名叫索尔（Thor）的家伙不小心踢到石头，痛得直骂。此时，另一名原始人想着要如何用一句话来形容索尔的气愤，在他的脑海闪过一个影像。

他大声说道："哇！索尔比剑齿虎的喉咙里卡了一只恐龙还要生气！"

话一说出，在场的人想象到那个夸张的画面，禁不住哈哈大笑。

这个笑话会引起他人共鸣，是因为讲笑话的人以非常夸张的例子来呈现，并让人们迅速在脑中产生视觉联想。显然，当我们将事实夸大到荒唐可笑的程度时，很容易引起人们的共鸣，并且逗人们开心。

如今，杰·雷诺（Jay Leno）[①]说："纽约实在太冷了，冷到连自由女神像都要将火炬放到裙子里取暖。"这也是典型的夸张笑话，他用滑稽可笑的创意来告诉人们纽约寒冷的程度，同时取悦了听众。

很多发生在高尔夫球场上的笑话都非常有趣，因为打球的人都会借笑话来夸大自己对高尔夫球的热情。

"这一场球为什么打这么久？一定是哈利在17洞的地方心脏病

---

① 美国脱口秀主持人。

发作了，所以从那里开始就变成了打一球，拖一拖哈利，再打一球，再拖一拖哈利。"

有一次，我和一个名叫艾里·克劳森（Iry Clausen）的朋友在圣·托马斯（St.Thomas）打高尔夫球。艾里并不算老，不过60多岁，但他老爱拿自己的年龄开玩笑。打到第一洞时，他说："罗杰，你敢和我赌球吗？我这么大年纪了，可不在乎输球。"

于是我们就以5美元为赌注，看谁先进洞，当他以平标准杆先打进洞时，我从口袋拿出5美元，他说："为什么不到最后再一起结账呢？"

我回答他说："也可以，但以你的年龄，我以为你想打完一洞就休息一次呢。"

这也是夸张笑话的一种。其实，看到这里你应该已经发现，夸张笑话其实都很类似，只是依情境不同换上不同的词罢了。

现在就来看看一些名人是如何用夸张笑话来取悦他人的：

理查德·尼克松："媒体的责任是用显微镜来观察、监督总统，但他们老是爱用直肠镜来看。"

塔鲁拉·班克黑德（Tallulah Bankhead）："他们总是通过薄纱来拍秀兰·邓波儿（Shirly Temple，好莱坞著名童星），如果他们要拍我，就应该将油布放在前面。"

梅尔文·贝利（Melvin Belli）："我不是专打车祸官司的律师，我只是经常比救护车更早到事故现场。"

穆罕默德·阿里（Muhammad Ali）："我这一生最难打赢的对象是我的第一任太太。"

约翰尼·卡森："我认识一个人，他终于决心戒烟、戒酒、戒色，以及不再吃垃圾食品，他现在健康得可以杀了自己。"

多莉·帕顿（Dolly Parton）："你一定会非常惊讶，这个东西竟然可以这么昂贵，贵到看起来如此廉价。"

菲利斯·迪勒（Phyllis Diller）："我曾参加过选美比赛，而且不是最后一名——我至少还得到最佳同情奖。"

雷蒙德·钱德勒（Raymond Chandler）："那是一个金发、碧眼、皮肤白皙的美女，美到足以让大主教为了看她而打破教堂的彩绘玻璃窗。"

一个妈妈想要说服睡眼惺忪的小孩不再看电视了，赶快上床睡觉去，这时很容易发生抗争。这个妈妈转而采取幽默的方式来说服小孩。她坐上沙发，伸手抱住小孩，然后说："亲爱的，你再看电视，你的眼球就会变成方形了。"这时，小孩一定会忍不住一直笑。

他说："喔！妈，你别傻了。"但很快他就放弃电视，心甘情愿走回自己房间睡觉。

当我们有一个机会可以将一件事夸张到荒谬的地步时，就会引发人们的笑声。设想一下，如果我们采取另一种方式，结局会怎样？如果我们降低那个让人觉得可笑的点，以轻描淡写取代夸大，将会怎么样？是的，同样会达到让人们笑出来的效果，因为和夸张相对应的技巧就是保守的陈述。

如果4万年前那个原始人看着索尔，然后轻声地说："他似乎不太喜欢跳来跳去。"其他人肯定也会笑出来，这句笑话和前面是完全不同的方式。

肯尼迪总统是我最喜爱的名人之一，他也非常擅长说俏皮话。他声明支持制定公民平等权的政策颇受质疑，在一次记者招待会上，他被问及一个难以回答的问题。

记者问道："所以，总统先生的意思是，如果墨菲太太经营一家旅馆，联邦政府就会要求她一定要接待某些客人，对不对？"肯尼迪冷静沉着地回应道："那要看墨菲太太对各州之间贸易的影响。"

这里有一些典型保守陈述类型的例子：

穆罕默德·阿里："我要退出江湖了，因为有很多事比痛打别人更有趣。"

罗尼·薛克斯（Ronnie Shakes）："我热爱生命，因为总是有事要做。"

伍迪·艾伦："这个世界不过是上帝脑中瞬间的想法，想到这，真是令人非常不舒服，尤其当你正在付买房的头期款时体会更深。"

客户舒服地坐在椅子上，告诉前来推销的销售员说："乔，我很想买你的产品，但你的要价实在太高了！"乔是一个说服高手，他避免用争辩的方式化解这个难题，而是假装惊讶地说："哇！查理，你是我遇到的第一个说价格太高的人，我以前从来不知道你对价格这么在意。"查理发觉他话语中的幽默，也了解乔的意思，于是说："好吧，乔，希望你的产品可以为我带来前所未有的改变。"

双关语

第二种基本的幽默形式是"双关语"，就是在某个特定情境中使用某个语汇，让人产生另一种联想，或是说出不同意思的同音字，让人们在明白你的用意后会心一笑。怀俄明州的参议员艾伦·辛普森（Alan Simpson）在他的晚宴开场白中说道："我知道你们都希望得到来自华盛顿最新的情报[①]，所以我现在站在这里。"

[①] 英文中 dope 有"情报"及"笨蛋"的意思。

著名的脱口秀名嘴亨利·扬曼（Henry Youngman）有一句经典双关语："Take my wife, please."① 仔细探究，你会发现这句话的笑点在于他用了"take"这个词。他引导你以为他的意思是前者，但最后他加上了"please"这个字，改变了整句话的意义，让人们认为他用"take"的意思是指后者。

这里还有一些例子，乍看之下并不像有双关语暗藏其中：

大卫·钱伯斯（David Chambles）："短暂的相恋然后分手总比从未爱过来得好；和一个矮个子的人相恋然后分手，总比从来没有和一个高个子谈恋爱来得好。"（Better to have loved and lost a short person than never to have loved a tall.）

迪恩·马丁（Dean Martin）："如果你要喝酒，千万不要用力击球，即使是轻轻一推也不可以；如果你喝酒，千万不要开车，即使是短距离也不行。"（If you drink, don't drive. Don't even putt.）

莎莎·嘉宝（Zsa Zsa Gabor）："我是一个超级会保留房屋的人，每当我离开一个男人，就留下他的房子；我是一个超级厉害的女管家，每当我离开一个男人，我就管理他的房子。"（I am a marvelous housekeeper. Every time I leave a man I keep his house.）

安德鲁·梅隆（Andrew Mellon）："绅士偏好契约；绅士喜欢束缚。"（Gentlemen prefer bonds.）

一个纯粹的双关语主义者可能会期待我说的每个字都是双关语，而这种人说的笑话更迂回，以下的故事可以说明这一点：

---

① 意指"以我太太为例"，或"请带走我太太，拜托"。

> 查克（Chuck）是一个工作非常繁重的销售员，他决定要做一个克隆人来分担自己的工作。他如愿以偿做了一个克隆人，于是，他命令这个克隆人帮他分担一半工作。事情进展得很顺利，也没有任何人发现异常。有一天，查克的克隆人竟然对客户恶言相向，查克却无法阻止他。一气之下，查克把克隆人带到帝国大厦顶楼，然后丢下去。于是查克被警察以"making a obscene clone fall"（导致可憎的克隆人坠楼；造成可憎的克隆人错误）名义逮捕。

纯粹的双关语有一个问题，就是这类话语引发人们的抱怨有时会胜过笑声，因为这类笑话需要用大脑思考。尽管这些话很机智，但那只是彰显说话者的智慧，而非幽默。

我们可以分析幽默的话语，然后找出使人发笑的元素，但没有人知道真正使人们笑出来的原因。很可能是两个不合逻辑的事物联结后人们产生惊奇的感觉，这时候掌管脸部的神经中枢产生回应（笑），让人觉得享受。

迂回的、讲求字字皆是双关语的笑话，没有办法达到让人们开怀大笑的效果。"Take my wife, please"这类浅显易懂的双关语笑话，比较容易让听众了解并哈哈大笑。

因此，说服高手总是灵活使用双关语，来分散客户对敏感议题的注意力。还记得有个政治人物决定在议案流产后，不再举办辩论会重新审议的事件吗？面对媒体舆论的压力，他就是采取聪明的双关语来回应。

当时有一个记者大声说："你认为州长是否应该要针对那些夭折的议案（the abortion bill，夭折议案，或堕胎费用）做一些事？"这个聪明的政客回应道："是的，我认为他应该要付钱！"

嘲 弄

幽默的第三种形式是"嘲弄",我猜历史上第一个嘲弄的笑话是来自石器时代的猎人。

假设有一天欧格(Og)抓到两只鸡(别人都在捕熊猎虎,欧格只抓到鸡),他好心将其中一只鸡杀了准备分给其他人时,这时有个人说:"欧格真是个好人,从来不会忘记他的朋友。"

另一个人回应道:"那倒是真的!不过他只捉到两只鸡。"其他人一阵大笑。石器时代的人都对他人怀着戒备的态度,因为在那个时候,只要一言不合可能就会引起打斗,就算有人被杀死也是家常便饭。

然而,上述这种状况绝非刻意引起斗争,那些人挖苦欧格是边笑边说的,欧格最后也展开笑颜,其他人看到欧格笑了更加乐了。为什么无礼对待反而让人人开怀大笑呢?很可能是这类嘲弄的话语给其他人一种慰藉:好在自己不是被嘲弄的笑柄。

"丹·奎尔(Dan Quayle)[①]从里根身上学到如何改善自己的形象,他总是在大农场上劈马、骑木头。"美国有段时间非常流行这种嘲弄的笑话,以下有一些例子:

大卫·赖特曼(David Lettennan):"我最爱洛杉矶的秋天,看着鸟儿变色、掉落真是惬意!"

弗雷德·艾伦(Fred Allen):"这个城市真是乏味单调,就连潮水流出去后都不愿意再回来。"

鲍勃·霍普(Bob Hope):"里根总统并不是一个典型的政治家,因为他不知道如何说谎、欺骗、偷,他只好聘请了一个代理人帮他做这些事。"

---

① 美国第 44 任副总统。

有很多喜剧团体都非常受欢迎，这些搞笑组合最常用的手段就是由其中一个人嘲弄另外一个人，以博得观众的笑声与掌声。例如：阿博特和科斯特洛（Abbot and Costello）、劳雷尔与哈代（Laurel and Hardy）等。

几年后嘲弄的幽默突然改变，有了一些新花招。喜剧演员不再把其他人当成笑柄，而是把自己当成嘲笑的对象，这种幽默方式让人觉得更有趣，因为不会有人被触怒。

杰克·本尼（Jack Benny）主动给自己贴上了"吝啬"的标签，创下让观众笑得最久的纪录。有一次，他在节目中安排了一个让人一听就知道是强盗的角色，强盗拿着枪指着杰克的脑袋，然后大叫："要钱还是要命？"杰克沉默了30秒，平静地说："对你来说哪一个比较重要？"狂怒的强盗生气地大叫："我的意思是，不给钱就给命！"

最后杰克说："好，你让我想一想，我需要想一想。"听众因此大声狂笑，直到广播节目结束，听众还是无法停止大笑。

种族议题的笑话也算是一种嘲弄的幽默形式。或许，你也曾有过这样的经验，在有着不同文化的国度旅游，听到了相同的种族笑话，只不过国籍或民族有所改变。有一个笑话在美国说的是波兰人出外冒险后迷路了，在加拿大这个笑话的主角改成了纽芬兰人，在英国变成了爱尔兰人，在爱尔兰的同一则笑话主角又变成了英国人，在澳大利亚是澳大利亚东南方的塔斯马尼亚岛人。

讲种族笑话伴随着危险，因为即便是最轻微、最温和的嘲弄，都很容易被认为是恶意诋毁。对我来说，取笑苏格兰人的节俭可以接受，但是当南非白种人故意讥笑在矿山工作的黑种人时，我会感到非常气愤。

还记得亚里士多德的话吗？幽默事关人们的社交生活，一个独自生活的人没有幽默感这个特性。发挥幽默感就像拿镜子照出自己

173

的愚蠢、可笑。当我们抱着这样的想法时,可以清楚辨别哪一种嘲弄是刻意揭示性格上的小缺点,试图产生一些改变,哪一种嘲弄是出自恶意的嘲笑。

说服高手对于利用幽默改变人们想法这一点深感兴趣,因为说服者并不喜欢恶意嘲弄他人,但令人感到意外的是,嘲弄的笑话数量居然有那么多。举个例子来说,在纽约有一个从事房地产中介的女人打电话给失业在家的丈夫说:"亲爱的,你知道刚刚发生什么事情了吗?我刚刚卖掉了帝国大厦,赚了500万美元的佣金,现在正在回家的路上,你赶快准备行李。"

丈夫问她:"我应该准备冬天的衣服还是夏天的衣服?"

她回答说:"那一点也不重要,我只要你在我还没到家之前,赶快拿着行李滚蛋。"

说服高手知道,适时贬低自己可以产生一种特殊的魅力,即便是遇到不友善的人也可以逢凶化吉。肯尼迪总统和里根总统都非常擅长使用这一招。还记得当年肯尼迪面临的一项巨大挑战吗?他要让人们停止讨论关于他爸爸为了让他成功进入众议院而买票的传言。在1952年的一次晚宴上,当他对大众发表演说时,他从口袋拿出一张他父亲发给他的电报,并且大声念给观众听:"亲爱的杰克,无论如何都不要买票,如果我有买票的话,我就会下18层地狱。"

愚　蠢

让人们发笑的第四种方式是"愚蠢"。格劳乔·马克斯(Groucho Marx)曾说过:"昨天晚上,我在睡衣里面杀了一只狮子,狮子为什么要跑到我的睡衣里呢?我永远也不会知道原因!"人们脑中浮现狮子跑到他睡衣内的影像,但无论如何都会觉得他这番话很愚蠢,因为他的话一点也不符合我们既定的思考逻辑,笑点由此产生。

多数美国式幽默以嘲弄为基础，而多数英国式幽默则奠定在"愚蠢"之上。罗宾·威廉姆斯（Robin Williams）曾说过，英国警察从来不带枪，当他们在追捕嫌犯时，他们会叫："停下来别跑！不然，我会再大叫一次'停住'。"

英国人比较喜欢这类幽默，因为这种笑话反映出其古板保守的生活形态。

《古恩秀》（The Goon Show）是英国20世纪50年代非常受欢迎的一档广播节目，以下有一段来自《古恩秀》的经典剧情：亨利（Henry）和米妮（Minnie）每一次都会出现。他们是一对老夫妻。有一天，他们正在家中享受宁静的夜晚，突然传来有人闯进房里的声音，亨利慢条斯理地说："米妮，坏人要进来抢劫了。"米妮则淡淡地回应道："亨利，那我最好上楼去准备一下。"

彼得·塞勒斯（Peter Sellers）是《古恩秀》里面的演员之一，即便他后来成为全球闻名的大明星，他的幽默感也经常是以不协调的愚蠢为出发点，就像是他在系列电影《粉红豹》（The Pink Panther）所饰演的巡警角色一样，他曾说过："你是要安静走过来，还是要我戴上耳塞？"

《巨蟒剧团之飞翔的马戏团》（Monty Python's Flying Circus）是少数在美国走红的英国喜剧节目，更难得的是这出喜剧没有被重新改写，而是原封不动地搬到美国上映。这出喜剧成功的原因是里面有许多男扮女装的反串角色，以及一些荒谬可笑的主题。整出戏可以说都在夸大延伸格劳乔·马克斯所说的"睡衣里面有只狮子"的模式。那是非常棒的愚蠢幽默。电影《国际机场》（Airport）和《白头神探》（The Naked Gun）等也是高举愚蠢式幽默的旗帜，然后学着《巨蟒剧团之飞翔的马戏团》的方式娱乐大众。

《巨蟒剧团之飞翔的马戏团》中的很多笑话听起来都非常像，只

不过是几个字改一改而已。我要再告诉你一些其他愚蠢方式的例子：

塔鲁拉·班克黑德："夜晚以前，我的行为若越不像惠斯勒的妈妈，隔天早晨我看起来就越像她。"

尤姬·贝拉（Yogi Berra）："土特斯·秀尔（Toots Shor）开的餐厅总是客满，所以人们再也不去了。"

格劳乔·马克斯："我没有照片送你，但你可以拿走我的脚印，它们在楼上的袜子里。"

英国一家全国性的报纸曾做过一项调查，想要了解读者听过的最好笑的笑话是什么。无论你相信与否，最受大家喜爱的笑话是：

一场盛大宴会的贵宾席上，一个人倾身对另一个人说："老兄，请原谅我这么说，你知道你刚刚是用甘蓝菜（cabbage 也有纸币的意思）在擦嘴吗？"

"喔，真的吗？谢谢你告诉我，我还以为那是一片莴苣呢（lettuce 也有纸币的意思）。"

为了向你证明这个笑话毫无新意，我要告诉你在 50 年前，心理分析学家西格蒙德·弗洛伊德（Sigmund Freud）就曾在他写的《诙谐与潜意识的关系》（*Jokes and Their Relation to the Unconscious*）一书中写过类似的故事：

有一个男人在餐厅里将他的手伸入一个装满蛋黄酱的盆子里，然后将蛋黄酱涂抹在头发上。服务员看到这一幕简直吓呆了，结果那个男士说："喔！请原谅我，我以为这是菠菜。"

顺便一提，弗洛伊德在对幽默进行广泛地研究之后更加深信，说笑话的人都是模仿的机器。在他的认知中，幽默就是处理受压抑的感觉，然后将那份遭到压抑的情感释放出来。他指出，有那么多笑话和性有关就是这个道理。

现今，弗洛伊德的许多理论都被视为真理，那些相信弗洛伊德学说的人多年来致力研究为什么弗洛伊德在医治病人时，一定要坐在病人右边的沙发上。如果弗洛伊德发现全世界的弗洛伊德信徒都学他，在医治病人时坐在病人的右边，他可能会笑着说："难道他们不知道我这样安排，是因为我有一个耳朵听不清楚吗！"

说服高手知道什么时候该用一点愚蠢的幽默技巧来化解紧张的气氛。很多年前，我曾为一个老板工作，他总是不断测试我对他是否忠诚。我的确是个忠诚度很高的员工，但有一个问题是，我和那个老板的生理钟完全不一样，他每天6点就会到办公室，晚上9点一定准时就寝，而我是每天9点上班。

有一天，我不过比9点晚一点点进公司，老板就在办公室等我，他气到前额的血管几乎都要爆了。他说："罗杰，我想你应该知道，我认为你一点也不忠诚。"

这可不是迎接美好一天的好开始，我知道，我必须找个方法化解这个尴尬的场面。

"我当然对你忠心耿耿。"我向他保证，"难道你要我穿礼服来上班以表敬重吗？"

他笑着回我一句："当然不是，我只是希望你和我一样每天6点来到办公室。"

我刻意沉默许久，最后才慢慢说道："我的心已经穿上礼服了。"

老板终于忍不住大笑，然后我们一起去喝了咖啡，从此他再也不挑剔我的工作时间。

意 外

我最喜欢的笑话类型就是"意外":

你听说亨利叔叔要娶一个 20 岁女孩了吗?你可以想象那个情景吗?他都已经 80 岁了!我告诉他这样做很傻,可能会有致命危险。结果他竟然说:"如果她会因此而死,那我也没办法。"

为什么这会让人觉得好笑?因为结局令我们感到意外。前面都在谈论这个老人如何拿生命冒险时,是非常严肃的话题,下一刻却突然变调,这个老人变成一个爱冒险的老顽童。

当我们对某件事感到意外时,抵抗或逃避的机制会立即启动,脉搏会加速,肾上腺素开始涌出,而当我们意识到情况并不危险时,就会立刻笑出来。设计笑话的人就是利用这样的模式,让人们的情绪在短时间内出现大幅度转变,在惊讶过后以笑声收场。

有一个妻子说:"我为什么要担心?我丈夫从来不会欺骗我,他那么的诚实、单纯,那么吓人。"

"你一定会很高兴知道,我们的审计员找到一个非常有用的方法可以解决你的现金流问题,那就是——破产!"

伍迪·艾伦:"我有非常强烈的欲望想回到子宫里面,任何人的子宫都可以。"

塔鲁拉·班克黑德:"如果我可以重新活一次,一定会犯同样的错误,只不过犯错的速度更快。"

菲丽斯·迪勒:"伯特·雷诺兹(Burt Reynolds)曾邀我出去,而当时我正在他家里。"

W.C. 菲尔兹（W. C. Fields）："每天要用微笑开始美好的一天，笑完后再努力熬过一天。"

威尔·罗杰斯（Will Rogers）："圆滑的交际手腕是一种语言艺术，当你碰到一只恶犬时，在还没找到石头前都要一直说：'乖狗狗。'"

马克·吐温（Mark Twain）："我完全不赞成抗争，如果有人挑衅我、攻击我，我将和善地回应他并宽容他的过错，接着把他带到一个安静的地方干掉。"

亨利·扬曼："当你晚上回到家里，有一个女人会给你一点爱、一点感情、一点亲切，你知道这意味着什么吗？那表示你走错门了。"

请注意以上几个笑话，最有力的妙语或文字几乎都是出现在最后，喜剧演员称这种方式为"火车失事法"。设想你的表演或笑话就像让听众上了一列火车，他们随你的方向前进，然后突然你来个大转弯，你的妙语就是造成火车失事的原因。

你已经知道5种笑话类型：夸张、双关语、嘲弄、愚蠢和意外。现在就来建构一个记忆联结来帮助我们记住这些类型。一个好的联结可以让我们的记忆如在脑海中出现视觉影像，你认为"Every Pickled Person Sounds Stupid"[①] 这听来怎样？你可能会想："这话很有趣，那又怎样？这和成为一个说服高手有什么关系？"

事实上，这句话可以帮助你回忆起夸张、双关语、嘲弄、愚蠢以及意外这5种元素。

每当你听到一个笑话时，要迅速找到这个笑话好笑的理由，这可以帮助你记住笑话。如果你希望将这个笑话说给其他人听时，记

---

① 每个顽童都让人觉得愚蠢，听起来却像：每个像猪一样笨的人说的话一定也很愚蠢。

住的笑话可以随时派上用场。完整记住笑话的好处，就是可以让其他人开心，但是当你想复述一个听来的笑话时，你不需一字不漏地背诵那个笑话，只要记住重点，那些不重要的部分你怎么编都无所谓。只要知道使人发笑的关键，你就不需要靠着背来的笑话缓和气氛。

其次，只要你了解什么话会让人们觉得有趣，就可以配合听众改变笑话的角色及情境，只要笑话的架构及精华依然存在，你所创造的笑话就会令人感到有趣，并且成为独一无二的自创笑话。这种自创的笑话非常有新鲜感，而且你也不用担心对方听过同样的笑话。

人们有一个非常奇特的特性：当我们是说笑话的人时，无论说出同一个笑话多少次，我们仍旧会觉得那个笑话很有趣。但若是别人告诉我们一个已经听过的笑话时，我们不会再觉得好笑，因为那种新鲜感及惊奇感已经消失了。此时，你脸上的神经将不再起作用，它们已经有了免疫力，

因此，让人们有惊奇感的幽默，关键是利用临门一脚的妙语。当然，有时候不免遇到对方听过你说的笑话，毕竟全世界的笑话都起源于这5种形式，所以最好的办法是保留你知道的笑话精华，然后为对方量身定做一则新笑话。这样一来，令人惊奇的成分依然存在，他们也绝不会发现那是旧笑话。至于如何辨别幽默的类型，现在就做个练习吧。我会告诉你好几个老笑话，然后你要说出它们是属于哪种类型：夸张、双关语、嘲弄、愚蠢还是意外。

从亨利·扬曼的经典笑话开始："现在有一种名叫非尼古丁（Nicotine Anonymous）的新玩意，它可以帮助那些想戒烟的人不再抽烟。其实，只要你想抽烟的时候，就叫个朋友过来陪你喝个烂醉不就好了吗！"这个笑话属于哪一种类型的笑话？是双关语、嘲弄、夸张、愚蠢还是意外？

这是一个很棒的意外类型笑话，不过短短几个字，到最后时笑

话来个大转弯，让人感到意外。接下来再试试亨利·扬曼的另一个故事：由于不听从领队的警告，一个美国的滑雪者在瑞士和他的队友走散了，掉到一个很深的裂缝当中。过了几小时，救援队找到了他，救援者大声说："我们是红十字会的人。"滑雪者冷静地说："对不起，我已经捐过钱了。"

这个笑话属于哪种类型？毫无疑问，这是典型的愚蠢笑话。我非常惊讶亨利在说这个笑话时，竟然不是让英国人掉到雪地的裂缝里面！依照惯例，我们总是认为英国人比较会说出这类蠢话。

一个中介人员去拜访客户时，若客户想要借机表现自己的幽默，一个非常强而有力的方法就是按下对讲机，大声地对秘书说："琼斯小姐，叫我的股票经纪人来找我。"

当秘书大声地对房间里的人说："好，是要股票还是抵押？"此时，这个访客一定会对客户印象深刻。这是哪种形式的幽默，毫无疑问，是双关语。

请注意，当一个人过度自负时，采用嘲弄的方式效果格外好。马克斯兄弟（Marx Brothers）丢出的奶油派砸到歌剧演员绝对要比砸到警卫来得好笑。

现在试试迈伦·科恩（Myron Cohen）特别喜爱的一则笑话：

欧文在服饰业赚了很多钱，于是他决定买一匹赛马，有一天他带朋友到马棚参观，当时兽医正在检查他的马。

欧文问："我的马生病了吗？"

兽医说："它不健康，但我会让它恢复健康。"

欧文说："我以后能不能和它比赛（那我以后可不可以让它参加赛马）？"

兽医说："你一定可以，而且你也一定可以轻易赢过它。"

这个笑话让人发笑的关键是什么？是双关语，对不对？这个笑话类似于"Take my wife，please"。只不过是几个字改变一下。在赛马的笑话中，利用 race（比赛、赛马）这个双关语，其实马主的本意是要他的马去和其他马比赛，而让人觉得有趣的地方就是兽医以为客户想要和马赛跑。

接下来的这则笑话是来自喜剧演员狄克·史贝斯克（Dick Shebelski）：

汤米非常沮丧地从学校回家。他告诉妈妈说："今天真是糟透了，老师叫我时，我竟然忘了答案，真是糗大了。"

妈妈回答说："只是回答不出一个问题，没关系。"结果汤米接着说："在点名的时候也没关系吗？"

这是哪一种类型的笑话？当然是夸张！一个人竟会忘记自己的名字，这实在太荒谬了。夸张是非常受欢迎的幽默主题，你所听过的笑话中，几乎有三成都包含夸张的元素。

现在你应该知道如何辨别笑话的类型了，并且知道各式笑话可以让人觉得有趣的关键何在。当你下次在电视上看到喜剧节目或综艺节目时，不妨继续这个练习，看看电视中的喜剧明星所说的笑话是属于哪一种幽默类型。

优质幽默

对说服者来说，最实用的幽默形式莫过于机智的言词，两种不同的想法自然而然地交错组合，使人们感到有趣。毫无疑问，一个人的机智程度和智慧成正比。你或许对智慧有不一样的定义，而我的定义非常简单：探究记忆库的能力，并将两个毫无关联的概念串联在一起。

笼子里面的大猩猩看到一根香蕉放在它拿不到的地方，然而它的身边有一根棍子刚好可以让它碰到香蕉，于是猩猩拿着棍子将香蕉钩过来。这种行为并不算有智慧，不过是直觉，或是尝试错误的能力。假设这只猩猩发现棍子还是不够长，就用短棍去拉一些长棍过来，然后再用长棍去取香蕉，这才算是智慧。

以下有一些机智且富有智慧的例子：

戴维·布伦纳（David Brenner）："素食主义者，就是不吃任何会生小孩的东西的人。"

强尼·卡森："当火鸡交配时，它们心里却想着天鹅。"

山姆·李文森（Sam Levenson）："祖父母和孙子可以相处愉快，是因为他们有共同的敌人。"

萧伯纳（George Bernard Shaw）："政府强制彼得要付钱给保罗，是因为政府要靠保罗来资助。"

阿尔图罗·托斯卡尼尼（Arturo Toscanini）："我生平第一次亲女生和第一次抽烟是在同一天发生，从此之后我再也没有时间可以好好抽一根烟。"

你是否发现以上的机智语录都是出自聪明的脑袋的智慧，而且大多都是将原本两个不相似的想法联系起来？所有优质幽默都包含机灵和智慧的成分。现在，让我们再度确认5种幽默类型。

夸张只有在其显现出巧妙、聪颖的时候，才会让人觉得好笑。如果大卫·赖特曼说："纽约今天实在太冷了，每个人都穿得像爱斯基摩人。"这句夸张的话不好笑，因为这句话并没有巧妙之处。假设大卫说的是"纽约今天实在太冷了，华尔街的律师都将双手往口袋里插"就非常有趣了。除了加入小聪明的夸张外,还包含了嘲弄律师贪财的意味。

典型的双关语几乎都是靠智慧,但是也有一小部分双关语需要利用同音字或发音相似的字。它们乍听起来不合逻辑,但稍微转一下脑筋,就会发现其中奥妙。

嘲弄算是最直白的幽默,人们几乎不需大脑思考也可以领会一二,但是好笑的嘲弄还是必须包含机灵的特色。假设琼·里弗斯(Joan Rivers)说"我去裸体海滩,结果有一群来自地狱的天使合伙羞辱我",这句话并不好笑,然而她若是说"我去裸体海滩,结果有一群来自地狱的天使对穿着衣物的我表示敌意",这才是典型的琼的幽默路线,通过自我贬低来娱乐大众。

愚蠢的幽默形式同样需要机智在其中,以达德利·摩尔(Dudley Moore)在电影《亚瑟》(Arthur)中醉酒行为作为例子。有天晚上,他极不情愿地向吉尔·艾肯伯里(Jill Eikenberry)所饰演的女继承人求婚。当时他几乎醉倒在餐厅桌子上,此时女继承人娇嗔道:"亚瑟,一个好女人可以让你远离酒精。"达德利·摩尔表演这段时说:"喔!那得要一个十分强壮的女人才能拖得动我。"

观察社会环境如何影响幽默非常有趣。这部电影于1981年第一次上映时,可以说是轰动一时。7年后,《亚瑟续集》(Arthur II)的票房则奇差无比,原因可能在于大众对于醉态的认知已经改变,喝醉不再被认为是一种愚蠢的行为,人们反而觉得喝醉有一点悲哀凄凉。一提到酒鬼,人们脑中就会浮现出四分五裂的家庭,或是高速公路上酒醉驾车导致的意外事故。

我们所谈到的第五种幽默类型是意外,这种幽默包含着大量的智慧。在加利福尼亚州的州界时,我们会看到这样的标志:"离开加利福尼亚州时,请恢复正常行为。"还记得我们为意外笑话所下的定义吗？仿佛有人领着你往一个方向前进，结果在瞬间方向大变，整个思绪也因此大转弯。试想，当你看到"恢复正常行为"这句话时，你原本是否想象会是个类似"恢复正常速度"之类的标语。当你发现事实不是这样时，脑中原本在搜寻关于速度限制的思考路线一下转了个大弯，惊奇之感油然而生。

妙语会让人脑中产生联想，而5种幽默形式中的任何一种都可能衍生出各种机智的笑话。机智妙语需要点灵感，但幽默的谈吐绝对可以学习。

30天提升幽默感

现在我要告诉你一个提升幽默感的30天计划，可以增强你说出机智妙语的能力。

首先请使用"1—10分的方法"去了解你的朋友对你的幽默感评分，因为这是比较敏感的话题，所以大部分人都会刻意提高分数。因此，你若要了解事实真相，就将分数减去2分，如果你问的是属下，就减去5分，这样你就会对自己的幽默感得出一个公正评价。

然后挑选一本笑话集或是上网搜集笑话资料，练习辨别那些笑话是属于夸张、双关语、嘲弄、愚蠢还是意外类型。

接下来请你养成一个习惯，每当你听到别人说一个笑话时，就去分析这则笑话好笑的关键在哪里。当你越来越精通笑话的核心精华时，就开始具备自创笑话的能力。

1. 没有什么比幽默可以给人留下更深刻的印象。
2. 除非你知道人们为什么会笑,否则无法成功拥有幽默感。
3. 每当你听到一个笑话时,要迅速找到这个笑话好笑的理由,这可以帮助你记住笑话。
4. 只要你了解什么话会让人们觉得有趣,就可以配合听众改变笑话的角色及情境,只要笑话的架构及精华依然存在,你所创造的笑话就会令人感到有趣,并且成为独一无二的自创笑话。这种自创的笑话非常有新鲜感,而且你也不用担心对方听过同样的笑话。
5. 对说服者来说,最实用的幽默形式莫过于机智的言词,两种不同的想法自然而然地交错组合,使人们感到有趣。

| 第 20 章 |
不忘记潜在客户的名字

在真正传授记名字的技巧前,让我们先思考一个问题,花心思去增进记名字的能力真的有必要吗?说服高手知道这绝对值得。

在我们来到人世还不满一年,在我们还无法认知自己的名字时,就会听到别人叫我们的名字约 8000 次;在学校,我们首先学习写的字也是我们的名字;在成长的过程中,我们最讨厌别人诋毁或是取笑自己的名字;我们做任何事都是希望能保护自己的名声。

因此,对每个人来说,最重要的资产莫过于"名字",我们甚至可以用自己的名字去借钱。如果有人忘记我们的名字,我们在心里就会讨厌他,甚至气到希望把他关进牢里,因为在监狱里的囚犯都没有名字,只有编号。从这里你就可以知道,名字对一个人的重要性。

说了这么多,你是否可以理解为什么对说服高手来说,记住他人的名字如此重要?

你记住别人名字的潜力有多大?如果你认真回想,你可以记住多少人的名字?一个人记名字的极限就是当你和某个朋友超过 20 年没见面,你依然可以记得他的全名。你脑中的 130 亿个细胞绝对有这个本领。哪怕我们只发挥其中一成的潜力,也能成为一个记名字的高手。

你有时是不是非常懊恼,别人在两分钟前才向你做了自我介绍,你竟然就忘记了对方的名字?或者更糟的是,你还叫错对方的名字!

老实说，我自己也曾经做过这样的糗事，所以我非常理解忘记别人的名字或叫错名字如何使自己威信扫地。那时，我怀疑自己患上了超级严重的名字失忆症。我曾经为了拯救自己在这方面的缺陷，去参加所有我所知道的研讨会，希望能改善记名字的问题。在那些研讨会上，我学到很多有趣的招数，但是最后，我还是在别人向我自我介绍两分钟后，迅速忘记了他的名字，仿佛从来没听过他的名字一样。

后来，我终于发现参加那些研讨会没有实质性帮助，是因为主持研讨会的人都非常擅长记住别人的名字。他们根本就没有这方面的问题，自然无法真正理解像我这种人的问题。因此，让一个曾经在这方面是个笨蛋的人，也就是我，来教你如何记名字。

当然，我现在可以和你分享记名字的心得，是因为最终找到了一个方法可克服记名字的问题，并且在这方面的表现日益精进。

我在记忆名字方面有长足进步，但我还是不可能在和200个人握过手后，还可以一一叫出他们的名字。如果你在得克萨斯州达拉斯市遇到我，然后对我说："还记得我吗？两年前，我曾经参加你在圣地亚哥举办的研讨会。"我想我肯定无法在记忆库中找到你的名字，毕竟那已经超出了凡人的极限。不过，至少当我在会议中，如果有人向我介绍了自己的名字，那么到会议结束向对方挥手道别时，我依然可以清楚记得他的名字。

很多人迟迟无法克服记名字这方面的困难，是因为他们一直寄希望于找到一条捷径，希望靠着某种神奇的秘诀可以迅速解决困扰。在这里我要告诉你一个秘密：记名字是件苦差事，根本没有任何捷径。

其实，记忆名字的问题有点类似减肥。每个减肥者都极尽所能想找到一个简单方法成功减肥，事实上，每年有超过100种减肥食谱或方法问世，每种都号称可以为减肥者带来奇迹般的效果，但只有部分人可以成功减肥，也就是持续不断地运动、节食和戒酒的人。

他们也得出了一致的结论：减肥绝不轻松！

同样，要记住别人的名字也不容易，就像我的高中老师常常说："不要浪费时间去找投机取巧的方法，如果世界上真的有那种简单方法，罗杰一年前就发现了。"

构建记忆提示信号

你的大脑不断分析输入的信息，并决定该如何处理这些信息。记忆分为短期记忆和长期记忆两部分。我们日常所接触到的大量信息，大多数都会被大脑自动判定为不需要储存的资料。在高速公路上开车时，你不会去记住和你擦身而过的其他车辆品牌；走在路上时，你也不会去记忆前面女士穿的衣服颜色。你找不到任何理由去记住这类信息。

有些信息你会将它储存在短期记忆当中，如饭店的房间号码、刚刚得知的前往客户办公室的路线，又或是车子的停放位置等信息；而有些信息你会将它们储存在长期记忆中，比如家在哪里、身份证号码、银行卡密码，以及经常使用的电子邮箱密码，等等。

我们会遭遇记忆名字的问题，是因为我们的大脑没有将这类信息归为需要存入短期记忆的信息。没有作出存入短期记忆库的指令，就更不会将它存入长期记忆库了。这就是我以前的问题所在，当某人向我介绍自己时，我的确听见他的姓名，但是我很快将他的名字抛出记忆库。短短 5 秒之后，我就无法想起他的全名。

解决这个问题的办法就是建立一个机制，强迫自己将别人的名字输入短期记忆库中，也就是建构帮助记忆的提示信号。我偶然发现了这个办法，它的效果出奇好。

倘若你听到别人姓名几秒之后，立刻回想他或她的名字，赫然发现对方名字并没有在你的记忆库里。原来你已经忘记对方的姓名。这时候我们需要一个可以帮助记忆姓名的提示信号。这个提示的信号就是引起记忆的刺激物，足以随时提醒我们注意对方的名字。如果你曾经看过催眠师的表演，你就知道我的意思。催眠师会将一个提示字句灌输在被催眠者脑中，然后要催眠者一听到那字句就自动产生特定的行为，例如催眠师会说："当你一听到我说'1、2、3'，你就立刻睡着。"

利用提示字句的方法由来已久，事实证明，这个方法很有效。一次偶然的机会，我发现了这个方法，并感受到它令人赞叹的效果。我采用的方式是将对方的眼球颜色作为提醒我去注意名字的信号。

这个方法之所以奏效，是因为名字无法被我们自动存储在记忆中，不擅长记名字的我们多年来已经养成了忽略别人姓名的坏习惯。当我们听到别人说出自己的名字时，潜意识就会告诉大脑忽略这个信息。与之相反的是，我们习惯去注意对方的眼球颜色。对于观察别人的眼球颜色这件事，我们已形成了良好的习惯，因此在这方面几乎没有任何障碍。

当注意别人的眼球颜色时，我们会将焦点集中在对方的眼球上，因此，我们可以将这个动作当成一个提示信号，要求自己在注意别人眼球时也记住对方的姓名。

你还记得先前在讨论魅力时，我曾经告诉过你注意他人眼球颜色多么重要吗？当你注意到对方眼球颜色时，会产生一种微妙的互动气氛，仿佛向对方传达出"我很关心你"的信息，尤其当你的眼神聚焦在对方的眼睛时，独特的联结会立刻发生。

在过去，注意他人眼球的动作是一种下意识的反应。当我们和别人握手时，握手的动作就是一个提示信号，提醒我们要注意对方的眼球颜色，而现在又增加了一项——握手、观察眼球颜色、记住名字。

无论何时何地，当你遇到某人，而你需要记住对方的姓名时，你一定要去和他握手，然后实践下列步骤：握手、观察眼球颜色、记住名字。

你需要一直练习这个技巧，直到你可以将这几个步骤自动联系起来。届时，只要你和某人握手，你就会自动注意到他的眼球颜色，进而记住对方的名字。

将短期记忆转为长期记忆

那么，我们什么时候需要将别人的名字从短期记忆库转移到长期记忆库中呢？又该如何转移？显然，你不需要将所有人的名字都放进长期记忆库，有些人的名字只需要储存在你的短期记忆库中。例如，当你在应酬或会议中遇到新朋友，对方在介绍完自己后，你只需要说："真高兴见到你！"在向他道别后，你就可以将他的名字从记忆库中删除。

正如你所知，当我举办大型研讨会时，我会先站在门口欢迎每个人入场，这时候我就是用这种方法记忆名字。我尽可能记住他们的名字，一直到活动结束。

如果你遇到一个非常重要的人时，并决定将他的名字存入长期记忆库里，有一些帮助记忆的技巧可以供你参考。当遇到新朋友时，你不妨挑选其中一种或两种加以运用。

方法1：确认名字怎么写

当对方说他叫"陈一中"时，你虽然听进耳朵里，但你无法确定他的名字到底是"陈一忠"还是"陈依钟"？这时候，你不妨礼貌地追问对方："请问你的名字怎么写？"

方法2：对方希望你如何称呼他

很多时候我们都会习惯简称对方的名字，像是称王明为阿明、张华称为小华等。遇到新朋友时，我们应该先询问对方，简单一句"请问你喜欢我称呼你什么"，这可以帮助你记住他的名字。

方法3：确认名字的发音和读法

如果你听到伦敦东区人在说同韵俚语时，最好先确认一下他们的发音。这些人口音独特，说话时讲求每句话的韵脚一定要押韵。有时为了押韵，他们甚至不在乎用字的精准度。因此，你可能无法从字面上真正理解他的意思，这时候，你就需要进一步确认他们的读音。

同样，当你遇到一个口音重的人，为了避免自己记错名字，请确认对方名字的读法："请问是'倪月'还是'李月'？"

方法4：将名字和知名事物联结

如果可以的话，你可以试着将对方的名字和一些名人联结。这是一个很好的方法，因为它可以提供帮助记忆的视觉印象。当别人说她的名字是"谢娜"时，你就可以问对方："是主持人谢娜的那个名字吗？"这时候，电视荧屏上的女主持人的模样就会立刻浮现在脑海中；假如对方说他叫"姚明"时，你是不是也会印象深刻？当然，联结的对象不一定是名人，只要是可以加深印象的事物都可以，例如"牛战兵"，你就可以联想到"像牛一样战斗的士兵"，等等。总之，越夸张、越深刻的联结越能帮助你记忆。

方法5：立刻称呼对方的名字

当你下次和某人对话时，你的开场应该类似这样："安妮，难道你不同意吗？"或是"崔维斯太太，难道那不是事实吗？"也就是试着在对话中将对方名字放进去,刻意地说出对方名字两三次之后,你自然不容易忘记。

如果你不幸忘记对方的名字时,千万不要不好意思再次询问,因为倘若你现在不问,你就会像是在跟一个无名氏对话,对话结束后你压根就不会知道对方的姓名。面对这样的窘境,你只有一个方法可以弥补,就是从容地说:"真抱歉,我的记性真差,突然忘记了你的名字,请问你的大名是?对了,安妮!安妮,请问你是否同意我刚刚说的话?"

在这里,我要介绍一个名为"间隔重复"(spaced repetition)的记忆技巧。在和客户对话时,请多多称呼对方的名字;会议结束后,你要再次回想他的名字;当回到办公室时,你最后一次回想他的名字。这样一来,短期内你就不会轻易忘记他的名字。我每次都会使用这个方法,总是获得令人难以置信的好效果。只要你强迫自己在短期内记忆某个东西3次,你就能将所要记忆的东西存入短期记忆库。等到你需要用到它时,你就可以轻易回想起来。

举例来说,出国前我常将车子停在机场的停车场。我需要记住自己将车子停在哪一区,因此,我就刻意训练自己在锁车门的那一刻注意地上的编号标志,并对自己说:"我的车停在东区的4号车位。"

接着,我就将这个记忆暂时丢出意识之外,但当我前往候机楼的途中,我会再次对自己说:"我的车停在东区的4号车位。"最后当我抵达候机楼大门时,我再次对自己说:"我的车停在东区的4号车位。""间隔重复"让我在出国5天后回到停车场时,还可以清晰记得自己将车子停在哪里。利用这种方式来记忆某人的名字,你将会惊讶它的强大效果。

一次会议上,你如何全程记住一个人的名字呢?当客户的助理和你初次见面时,你要做的动作就是和对方握手,并注意她的深棕色眼球，然后启动记忆她名字的讯号。在对话时，大约两分钟后你就回想一下她的名字："她叫朱安妮塔。"在接下来的两三分钟后，你可以再看她一眼，然后心中默想："她叫朱安妮塔。"我敢保证，经过3次回想之后，在会议结束前你都不会忘记她的名字。

有些学生在上课时总是漫不经心，事实上，他们也知道老师课堂上教的东西并不难，只要专心听讲几乎都可以理解。同样的道理，要记住别人的名字并不困难，也不需要花很长时间来训练。只要我们关心别人的名字，在忘记时提醒自己要矫正坏习惯，记名字的能力就会在短时间内进展神速。

在训练自己记名字的过程中，你势必会经历一些挫折。曾经就有人对我说："罗杰，你不是自认为很会记名字吗？5分钟前我才介绍过自己，但是你现在已经忘了我的名字。"

人有失足，马有失蹄，这的确是曾发生在我身上的事实。然而，重点在于我非常在意自己是否可以记住他人的名字，并且也在朝着这个方向努力，就像我打高尔夫球一样，在打了一杆坏球时我会反复练习。因此，当你看到一个胖子朋友摇摇晃晃地在街上慢跑时，千万不要笑他，至少他已经为减肥跨出了第一步。等你看到他放弃运动并躺回沙发上吃薯条时，你再来嘲笑他吧。

方法6：当对方要离开时，再次称呼他的名字

最后，请务必在对方将要离开（或你要离开）时再次称呼他的名字，你可以说："乔，真高兴和你见面。"或者："凯伦，如果你到洛杉矶，一定要记得打电话给我。"如果在这时候你已经忘了对方的名字，就一定要再次询问："我想确认一下我有没有记错你的名字，可不可以再告诉我一次你的名字怎么写？没错，是'倪月'，而不是'李月'，谢谢你帮我搞清楚。"

请不要否决我刚刚提出的建议，也就是在最后关头确认对方名字这件事。我知道你心里在想什么："这一问不就显得自己很愚蠢吗？那样太尴尬了！"

相信我，这种尴尬的感觉不会持续太久！如果你有一个星期3次忘记别人名字的记录，而且每次都硬着头皮去再次询问的话，潜意识里为了避免尴尬的感觉再次浮现，你一定可以很快改掉坏习惯，迅速养成记住他人名字的好习惯。这好习惯可以维持多久？10年、20年甚至30年都有可能。1904年，伊凡·彼德罗维奇·巴甫洛夫（Ivan Petrovich Pavlov）获得诺贝尔生理学奖，他所提出的制约理论就是这个意思！

在此，我要再次提醒你6种记住名字的技巧：

1. 确认名字怎么写。
2. 了解对方希望你如何称呼他。
3. 确认对方名字的发音和读法。
4. 如果可以的话，将名字和知名事物联结，以加深视觉印象。
5. 尽可能立刻称呼对方名字。如果你已经忘了对方的名字，就硬着头皮请对方重复一遍。利用"间隔重复"的技巧，两三分钟就回想一次对方的名字。
6. 当你要和对方道别时，再次称呼他的名字。如果这时候你忘记他的名字，请务必再次询问。

不要尝试超越专家

说服高手知道另一个记住名字的准则就是，不要以为自己可以超越专家。

你可能自暴自弃，以为自己注定无法好好记住他人的名字，因为你曾经去参加一个研讨会，而演讲者可以记住现场200多位参会者的姓名。你试着去学习这个演讲者的技巧但收效甚微，你甚至连10个人的名字都记不起来，于是你就失望地放弃。从此之后，你认定自己记名字的能力非常糟糕。

你可能忽略了一个重点，那个演讲者可能天资聪颖，天生有超强的记忆力，而且他花了好几年时间全心学习，训练记名字的技巧。每当他参加一个研讨会前，他都可能会花一小时以上的时间演练自己的记忆能力。先天资质加上后天努力，造就了他的神奇记忆力。

我们都掉进了仿效专家的陷阱里！就像打高尔夫球一样，如果我只是在练习场一个星期练习一两次，还没有准备好就急忙上球场，结果在发球处挥了几杆都落空后，我一定会暗自咒骂那可恶的小白球为什么那么难打。

一个专业的高尔夫选手情况则大不相同，虽然人家打高尔夫球的天赋远超我10多倍，但他依然执行严格的训练计划，不断锻炼自己的肌肉和协调能力。专业选手将很多钱花在设备上，他们不会妄想不经过练习就可以挥出漂亮的一杆，而他们一个星期上的高尔夫球课程可能比我这一生上的还要多。

同样的道理，大多数人都不是专业的记忆大师，我们怎么能要求自己拥有那样的能力呢？这是不可能的事！专业的记忆大师拥有与众不同的非凡能力，而我们只是平凡的大众，如果我们希望有朝一日达到大师的水准，就必须付出更多的努力才行。

如果你在某方面并不是才华超众的人，例如记名字，当你有心想向那方面的顶尖专家看齐时，你必须尽可能发挥自己的优势，而不是一味贬低自己。说服高手知道如何提升自己在记名字方面的优势，以下几个方法可以有效帮助你。

第一个方法是建立一个卡片档案,将所有与业务相关的厂商或客户名字都写在一张卡片上。卡片上除了客户的姓名外,还应包括对方秘书、配偶、小孩甚至是宠物的名字。只要是对方曾经告诉过你的相关名字,你通通要记录下来。

这个方法除了记名字外可能没什么帮助,但是你还可以进一步记录他来自哪个城市、毕业于哪所学校,以及他的生日、兴趣、运动喜好、政党倾向和最喜欢的鸡尾酒、香烟、食物以及餐厅等信息。每当你和对方见一次面就补充或更新最新的信息,甚至还可以记录你对这个人的简单评语。你的竞争对手可能只关注与生意相关的事物,而你却更贴近客户的个人生活,这样一来你的竞争优势就可以显著提高。优秀说服专家非常懂得如何创造与众不同的优势。

如果你可以自始至终持续记录客户的信息,你将得到多少生意呢?"哈利,我上次来找你时,你提到你儿子对于在蒙大拿州徒步旅行非常感兴趣,所以我搜集了一些相关的资料给他,我想他应该会有兴趣看看。"

这听起来很夸张吗?也许有一点,但这种记录客户相关信息的目的在于创造别人没有的独特竞争优势。我的朋友哈维·麦凯(Harvey Mackay)在他的著作《攻心为上》(How to Swim with the Sharks)中提出了66项标准来评估销售员和客户往来时是否保持着良好的关系。

第二个方法是像记录客户一样,详细记录每个朋友的信息,这个方法对于增进你的人际关系有着难以估量的效益。当你去参加一个酒会,你可以叫出每个朋友的配偶名字时,你无法想象他们心里对你的好感瞬间提升了多少!

第三个方法是保留所有业务往来公司的名单,包括相关人员的名字、职位,这时候你并不需要一一记录所有人的详细资料,只要将你走进该公司可能会接触到的人记在名单上即可。

第四个方法是在拜访客户前，养成上该公司网站的习惯，这将帮助你重新恢复记忆。同时，对客户来说，他也不想回答你在网站上可以找到答案的问题。我们都应该感谢互联网，它可以让我们在踏进客户的办公室之前，就能迅速了解他们公司的基本资料。此外，企业的网站上也包含大量的企业、产品及人事信息，从网站上你可以得知各部门主管的名字、该公司去年的年报，以及最近6个月媒体上的相关新闻。

匹配名字与长相

记住名字是一回事，但当你下次再看到本人时，你是否可以顺利从资料库中搜寻正确的名字？当你在餐厅用餐时，记住服务员的名字可以为你带来更好的服务品质，因为服务员为了回应你的关心会为你提供更优质的服务。当餐厅人满为患时，记住服务员的名字可以更容易吸引他的注意。但这时候你只要记住他的名字、是高个子还是矮个子、肤色、胖瘦即可，不需要记住他的脸。然而，你若隔天在健身中心会遇到这个服务员，而且你要叫他的名字，那你最好要记住他的长相。

记住长相的关键就是利用视觉图像，因为我们的大脑并不会用文字来记忆人的相貌。说服高手知道如何利用大脑的特性来创造客户的图像。同样，如果我们可以将一个人的脸和他的名字相联结，并且同时赋予名字和样貌视觉上的图像，就比较容易有效记忆两者。

先前我提到如果有人叫"牛战兵"，就可以联想为"像牛一样战斗的士兵"，这就是一个很棒的视觉图像。然而，这样也许并不能帮你记住他的长相，除非你发现他长得像牛一样壮实。这时候，"牛战兵"的名字和长相就能够和"像牛一样战斗的士兵"这幅图像有了完美的联结。当你下次遇到这个人，你很有可能会想："前面走过来那个人是谁？我认识这个人，但是他叫什么名字呢？"当你看到他像牛一样壮实时，"牛战兵"这个名字呼之欲出了！

因此，请将某人的具体特征和视觉图像联结，尤其是那种可以清晰辨别的特征，这样才不至于混淆。如果你认为"牛战兵"这个人的特色是高耸的鼻子，那就请你联想成犀牛，而不是奶牛。

请记住，你越是能找出某人的夸张特性来联结，你就越容易记住他。无论如何，都要以你最能注意到的特性作为联结点。

记忆控制训练

这里有一个有趣的练习，不但好玩，还可以使你记忆名字的能力迅速提高。

我使用这个练习方法的时间长达一年。我非常惊讶自己竟可以有如此惊人的成绩。这个练习就是看你在特定一天内可以连续记住多少人的名字。

现在就告诉你这练习怎么进行。在任何一天，你都可以做这个练习，只要你认识一个新客户或新朋友，就将他的名字放进脑中的名单，当遇到第一个新朋友，就将其名字列为名单中的第一个名字，认识的第二个人列为第二个，这时候脑中请回想名单中第一个名字以及第二个名字。倘若你认识了二十个新朋友，最后一次回想时，就看你是否可以完整地背出第一个到第二十个人的名字。

这个练习的目的就是看你可以记住多少新名字，是否可以一个不少。假设某一天你开始做这个练习，你这天遇到的第一个人是咖啡店的女服务员，她的名字叫谢莉娅。过了一会，有两个人走到你这桌，你的伙伴介绍一个名叫哈利的新朋友给你认识。为了要练习，你将哈利的名字放进记忆中，你自己暗自思索："截至目前，名单中有两个人，一个是女服务员谢莉娅，一个是律师哈利。"

当你回到办公室，打给客户的第一个电话是名叫帕蒂的接线员接的，于是你将她的名字放进名单中，并默念："谢莉娅、哈利、帕蒂。"

接下来你和你的客户弗雷德有一个商务会议，但先前你已经见过他本人，因此他就不会在名单当中。但在会议中，弗雷德向你介绍了他的新秘书，于是你便将他的秘书莉莲放进名单。

除了弗雷德及莉莲外，负责这家公司账目审计的苏珊也是第一次参加你们的会议，因此你将苏珊加入名单，并在脑海中回顾今天的新名单：女服务员谢莉娅、律师哈利、接线生帕蒂、秘书莉莲、账目审计苏珊。到目前为止，名单中有5个名字，但到午餐时间，你脑海中的名单是这样的：

1. 谢莉娅　　咖啡店女服务员
2. 哈　利　　早餐时认识的律师
3. 帕　蒂　　接线员
4. 莉　莲　　弗雷德的秘书
5. 苏　珊　　弗雷德公司的账目审计员
6. 杰克逊　　停车场小弟
7. 马　克　　帮我汽车加油的工读生
8. 卡　拉　　航空公司预约服务办事员
9. 琼　　　　租车预约服务办事员
10. 哈　利　　琼斯电脑公司的警卫
11. 萨　拉　　琼斯电脑公司的柜台人员
12. 蒂　姆　　琼斯电脑公司的软件销售员
13. 琼　　　　银行出纳员
14. 莉　兹　　餐厅女服务员

15. 朵　拉　　餐厅女服务员
16. 吉　姆　　午餐会议上认识的新朋友

　　请注意，你并不需真的见到名单中的每个人。例如今天你必须预约班机，于是打电话到航空公司，对方一接到电话立刻说："联合航空，你好！我是卡拉，很高兴为您服务。"这时你必须非常注意她的名字，当你完成预约后说："谢谢你，卡拉。"

　　当你打电话给租车公司，他们的电话礼仪可能是："廉价租车公司，你好，我是琼，请问您要到什么地方？"你听完后回答说："琼，你好，我想预约10月4日到波士顿的车，请问你们有没有旅行车？"当你完成预约准备挂电话时，你再次称呼琼的名字并向他说再见。

　　这样的练习可以强迫你注意人们的名字。记住航空公司预约办事员的名字或许并不重要，甚至在向他们说再见时说不说名字也没多大关系，但无论如何，这都是一个极佳的练习方法。这个练习的规则是，一旦你中途忘记某人的名字，你这一天的练习就宣告失败。为了增进自己记名字的功力，第二天这个练习必须持续下去。

　　这个练习最好玩的部分是它可以让你享受自我挑战的乐趣，同时也可以在趣味横生的状态下磨炼你的记忆力。为什么不和你的配偶或是好朋友一起比赛？你们可以打个小赌，看谁在一天内记得的名单最短，谁就是输家，而输的人要请客，这是不是就更添加了一些刺激呢？

　　所以，当我下次遇到你时，我希望听到你说："嗨！罗杰，你是我今天认识的第十六个新朋友。"你只要这么一说，我就会明白你在玩什么游戏了。本章谈及的技巧或许没有办法帮你成为记忆大师，但是当你成为一个能成功记住名字的人时，这种付出难道不值得？

1. 对每个人来说，最重要的资产莫过于"名字"，我们甚至可以用自己的名字去借钱。如果有人忘记我们的名字，我们在心里就会讨厌他。

2. 很多人迟迟无法克服记名字这方面的困难，是因为他们一直寄希望于找到一条捷径，希望靠着某种神奇的秘诀可以迅速解决困扰。在这里我要告诉你一个秘密：记名字是件苦差事，根本没有任何捷径。

3. 无论何时何地，当你遇到某人，而你需要记住对方的姓名时，你一定要去和他握手，然后实践下列步骤：握手、观察眼球颜色、记住名字。你需要一直练习这个技巧，直到你可以将这几个步骤自动联系起来。届时，只要你和某人握手，你就会自动注意到他的眼球颜色，进而记住对方的名字。

4. 说服高手知道另一个记住名字的准则就是，不要以为自己可以超越专家。

5. 记住长相的关键就是利用视觉图像，因为我们的大脑并不会用文字来记忆人的相貌。

第四部分
完全说服

进行说服时,

要聚焦于你能为客户提供什么。

当你满足客户的需求,

他们自会按你的期望行动。

| 第 21 章 |

三步说服法

让我告诉你一个非常简单却有效的说服技巧，让人吃惊的是，很少有人知道这个技巧居然这么有效。这一招是从我的朋友阿尔·托姆希克（Al Tomsik）那里学到，他在第二次世界大战中就是用这招审问日本战俘。他告诉我，当他使用这个技巧时，就一定可以说服战俘说出他想要的信息。他说，这个技巧的威力真的非常强大，即使在没有刑讯逼供的情况下，那些宁死也不愿透露半个字的死硬派战俘都会软化。

这个技巧我已经用了好几年，也体验到了阿尔所说的卓越效果。它可以安抚生气的人，诱使那些不愿意开口的人说话，更重要的是，可以增加你得到正面回应的概率。这个技巧太简单了，我担心你会不屑一顾，而且不愿意花时间去试试它的效果，但是说服高手会将这个技巧发展成为神奇的说服工具。这个简单的技巧就是：

1. 在话语即将结束时称呼对方的名字。
2. 提出你的要求。
3. 称呼对方的名字时，你的头部要微微倾斜，脸上保持微笑。

是不是简单得有点过分？似乎没什么了不起嘛！请你先试试看再说，你将会发现它的奇妙之处。你可以试着遗漏其中一项，看看会有什么结果。你将发现这 3 个步骤缺一不可。

假设你想到某商店退货，可是忘了带收据，但你还是对店员说："我想要退还这个东西，可是很抱歉，我忘了带收据。"你很有礼貌，却没有微笑，店员可能还是会刁难你一番。

现在再试一遍。这一次，你先看了店员胸卡上的名字，然后说："早上好！我想要退还这个东西，可是很抱歉，我忘了带收据，你可以帮我处理吗，拉里？"当一说完，你立刻报以最诚挚的笑容，头部微微倾斜并直视对方。拉里可能会迟疑片刻，但是因为你的态度足够诚恳，他很快答应了你的要求。

不能少，也不能乱

这个神奇技巧究竟为什么会这么有效？让我们逐项分析看看。

首先，称呼对方的名字。我们都知道，对于对方来说，听到他人称呼自己的名字是件令人愉悦的事情。当我站在入口处欢迎人们前来参加我的研讨会时，我都会先偷瞄一下他们的胸卡。人们通常都会忘记自己戴着胸卡，当我叫出他们的名字时，几乎所有人都会吓一跳。所以，尽管是头一次见面，我也会说："嗨！你好吗，乔？"这时乔就会开始回想是否曾在哪里见过我，或者有人曾向我提及过他，不然我怎么会知道他的名字？不管怎样，他们通常会用非常愉快的态度回应我。

第二，头部微微倾斜。说服高手知道，将头部微微倾斜是最基本的肢体语言技巧。如果你想知道对方是否有在听你说话，可以观察这一点。如果他头部没有倾斜，你几乎可以确定对方早已不知神游到哪去了；若是他的头部微微倾斜，表示他正在专心听你说话。我们潜意识都知道这一点，却很少去注意。当你微倾着头和别人说话，对方会感觉到你非常专心且在意他们。这是个很小的动作，对说服效果来说却有着显著的影响力。

第三，微笑。微笑就是一种力量！正如劳伦斯·斯特恩（Laurence Sterne）[①]所写："每当有人对我微笑，我就会被完全征服。微笑让破碎的生活圆满了。"

若将以上3点结合起来，你将发现那会带来完全不一样的效果。

让我们设想一下，你的名字叫约翰。你结束了繁忙的工作回到家里，累得瘫在舒适的躺椅上。你打开电视，同时翻阅着收到的信件。新闻节目主持人刚播完一则新闻，你听到他说："刚才那则新闻的确需要大家的关心，你说是吗，约翰？"忽然听到自己的名字，你立刻抬头看着电视，荧屏上的主持人正微笑看着你。你仿佛瞬间进入了电视，主持人正微笑着等你回答问题。

这当然是虚构的情境，面对面的效果会更微妙。但毫无疑问，这个技巧绝对能大幅度提高你的说服成功率。

假设你是销售多功能复印机的销售员，多年来你定期拜访某个大客户，关心他们使用机器的状况，并教导他们的新员工如何操作机器。这家公司最近打算搬到更大的办公大楼，你希望借此机会让他们购买新的复印机，但你发现客户正在评估另外两家竞争对手的提案，甚至没有问你要不要一起竞标。

这时候你和该公司的营运副总约了会面时间，告诉他："我只是请你给我一个机会，听听我的提案，这很合理吧？哈利。"此时，你的头部微倾并保持灿烂的微笑，这让人很难断然拒绝。即便这个副总心里早有计划，但是你会看到他强硬的态度开始软化。

[①] 18世纪英国小说家，《项狄传》（*The life and opinions of tristram shandy, gentleman*）作者。

第 四 部分　完全说服

你失去这个客户的原因可能是因为可信度，因为过去几年来他觉得你比较像个维修人员，而不是销售员。那么，你面临的说服挑战就是要改变他的认知。还记得我曾提过信任的重要性吗？整个第3章都在探讨这个议题，如果你不太记得了，不妨再回去翻一下。

假设你是销售经理，决定要提出一套新的工作流程。你知道这套办法势必遭到销售人员的反对，因为新的流程规定，除非销售人员拿着收据来请款，否则你将不会支付任何公关和应酬的费用。为了说服员工意识到这项规定的必要性，你选了3个在团体中最有影响力的销售人员，准备在新规定正式宣布前先告诉他们。这个点子还不错吧？

这时有人敲门，是3人之中的乔依约前来。你热情洋溢地笑着说："请进！乔，坐吧。我有一个新规定要实行，希望你会支持我。"这样做符合我们的神奇技巧吗？虽然你叫了他的名字，也保持了微笑，可是你在说出关键要求之前就笑了。

让我们重来一遍。"叩！叩！"有人敲门，你说："请进，坐吧。我有一个新规定要实行，希望你会支持我，乔。"然后再展露你的笑容。这小小的改变就是让神奇技巧发挥效果的关键所在。这样一来，你就可以如愿让乔站在你这一边。

我当然不是说只要你使用这个神奇技巧，不管你的新规定有多差，乔都会盲目支持你。但是说服高手知道，他们能否获得他人的支持，往往不是取决于提议的内容，而是他们的态度。对很多人来说，这种管理方法和另一种方法的差异实在不大。无论你的提议是什么，如果你的态度得到了他的认可，他自然会接受你的提案。

1. 在话语即将结束时称呼对方的名字。
2. 提出你的要求。
3. 称呼对方的名字时，你的头部要微微倾斜，脸上保持微笑。

第22章
应对"不合理"的客户

　　学习当一个好的说服者有点像在军事学校学习战争课程,你所学到的全部技巧都是一些再完美不过的常识。它们看起来很合逻辑,你也确信它们会有所作用,但是当你真正上战场时,突发状况不断,战况往往超出意料。此刻,你震惊地意识到,原来敌军并没有和你上一样的课程,所以他们并没有参照你的脚本,他们打仗时根本不按照你所学到的规则出招。

　　成为一个说服高手和打仗有什么相似的地方呢?我教你的所有技巧都将发挥良好的效用,一切都会很完美,除非你遇到不按规则行事的对手。在这里,我所说的"规则"是指彼此是否礼貌、诚恳,并且会投对方所好。换句话说,当你遇到一个难相处的人时,就表示我教你的技巧会遭受严峻考验。

　　在本章中,我将教你正确应对一个生气的客户,无论他是针对你还是针对其他事情。当他因愤怒而无法理性评估你的提议时,你需要先将他的不满摆平。当你试图说服一个愤怒的人时,对方的无理反应常常会颠覆你所有计划,导致你完全无法掌握说服的过程与结果。因此,带有情绪的人绝对无法理性思考,你若要说服一个人,只有在他平静时才可圆满完成任务。

一般说服者和说服高手的差异在于后者可以掌握难以应付的人，而且还可以成功说服对方。说服高手是靠着两项基本原则做到这点：第一，了解对方想要什么，然后尽力满足他；第二，决不耍花招，不乱动手脚，不让情况恶化。

当你面对一个狂怒的对象时，在没有心理准备的状况下，你难以预料下一分钟会发生什么，就像走在雷区一样。当你去见客户时，总会盼望着能产生愉快的互动，就像过去你和其他人产生的互动一样；当你遇到一个愤怒的人时，你的期望瞬间落空，整个人就像泄气的皮球一样，想着到底还会有什么不幸的事发生在自己身上。

除了意外遇到生气的人之外，你同样也惧怕和一个你已经知道他在生气的人开会。当秘书告诉你："副总想要见你，他在办公室，听说他今天心情不好，而且他刚刚在电话中听起来非常生气。"这种事发生在任何人身上，都足以摧毁他美好的一天，对不对？

换了这个状况你会怎么想？你最好的客户从亚特兰大传真给你一个信息，上面写着："严重问题！请于明天早上9点到这里，建议你带着法律顾问一同前来。"我们都曾经和生气的客户打过交道，现在就让我们看看如何对付他们，看我们如何解决问题、如何说服他们采纳我们的观点。

你是对方生气的对象吗

遇到一个生气的客户，你首先要弄清楚你是对方生气的对象，或者只是被迁怒。

劳拉·赫胥黎（Laura Huxley）是英国作家阿道司·赫胥黎（Aldous Huxley）的夫人。她曾经出版过一本名为《你不是目标》（*You Are Not The Target*）的书来探讨这个状况。她认为，当某人对你粗鲁无礼时，你往往只是被迁怒的对象，而很少是让对方生气的人。通常来说，比你早一步去和对方会面的人，才是造成他坏心情的罪魁祸首。因此，你要弄清楚自己是否是惹对方不高兴的人，或他只是因为其他人或事而感到气愤。

假设你是一个食品销售员，专门负责超市渠道，现在你正尝试说服超市允许你将新产品——百香果口味的调味料上架试卖，并且允许你在店里分发样品给消费者品尝，但超市对此毫无兴趣。

如同我们在本书第 13 章中所讨论的那样，破除客户产生负面情绪的问题点非常重要。所以，当你到店里拜访店长时可以说："我听说你们对于试卖、试吃活动有过很糟糕的体验，但你怎么不亲自告诉我呢？"

根据我的经验，只要你这么一问，人们都非常乐于分享他们的感觉。那种试图隐藏自己愤怒的人尤其容易说出他们的想法，因为他们非常想抒发自己的情绪，只是不晓得如何做才好。这种状况下，对方可能的回应是："当然，我会告诉你为什么我会生气，上一次我答应让别人来试卖，结果他们把卖场的地板弄得又黏又湿，还有一个消费者因此跌倒受伤，害我们成了被告。"

心理学家会告诉你几乎所有人的意气消沉都是因为藏在心底的愤怒无法宣泄，了解这一点非常有益于你扮演一个精神治疗师的角色，鼓励客户摆脱愤怒的情绪。我当然知道，你到那里的目的是销售你的调味料，而不是去当一个治疗师，但你若不先平息他的愤怒，客户会一再将他不满的情绪往肚里咽，结果是他更生气，并断然拒绝你的提议。

我曾经请某人捐钱给联合劝募会（United Way），结果那个人却非常生气地表示，如果这个捐款要分给红十字会的话，他一分钱也不会拿出来。那个人表明了他反对的理由，这时候你可以轻易避免

提及让他抗拒的原因,从而说服他。

倘若你遇到这种状况,你可能会说:"这是唯一困扰你的问题吗?你的意思是说你并不排斥捐钱给联合劝募会,只要你的捐款不会被分给红十字会,对吗?"

"对,我对其他团体都没有意见,只是不愿意捐钱给红十字会。"

你接着说:"很好,我们绝对可以妥善处理这件事,我们会单独处理您的捐款,绝不让红十字会分享您的款项。现在请您填写这张慈善捐款表,好吗?"

然而,弄清楚对方反对的理由并不是对付生气的人最好的方式。如果有充裕的时间,你最好让生气的人自己走出气愤的情绪。其实,他都很渴望能做到这一点,一旦他找到走出愤怒情绪的方法,他将更能接受你的建议或提议。

回到捐款的那个案例,我非常好奇这个人为什么对红十字会不满,因为很少有人对红十字会产生敌意。究竟他有过什么不愉快的经验,导致他今天反对的态度?

经过一番闲谈,我才知道原来在第二次世界大战从军期间,他曾到法国一个火车站准备搭火车,结果看见红十字会在那里销售香烟给军人。

他很不高兴,红十字会不应该从军人身上赚钱。过了这么多年,他仍对这件事气愤不已,事实上他的潜意识是希望通过宣泄将这股怒气驱逐出去。他说:"我想红十字会的人实在不懂得如何给予烟民特殊待遇。"几分钟之后,这个人慷慨地捐出为数不小的捐款,而且也不再要求这笔钱不可以分给红十字会。

因此,说服生气的人的首要原则就是弄清楚他是针对你生气,还是对其他人生气。

如果你遇到一个心烦意乱的人,不知如何是好,那我有个办法可以帮你。这个技巧非常神奇,是我在洛杉矶一个高尔夫球俱乐部打球时学到的。

有一次,我和 4 个球友一起去这个俱乐部打球,其中一个伙伴叫莫里斯(Maurice)。他是来自阿根廷的移民,非常有魅力,在建筑行业表现卓越。那天,我们中的一位心情非常糟糕,他的开球还算打得不错,后来却常常打坏球。莫里斯和我退到球道边等着这个老兄打球,但这时候他再次判断错误,打了一个坏球。这下子,他简直气得脸发紫,结果他将怒气转移到莫里斯身上,指责莫里斯在他挥杆时大声说话,干扰了他的思绪。

莫里斯如何回应呢?他极力否认吗?嘲笑他的朋友竟因此勃然大怒?还是他试着让朋友有台阶下,并说:"这不过是个游戏嘛!"或者他也气得大声回应:"别无缘无故生我的气,是你自己今天不顺。"

莫里斯并没那么说,因为那些说辞只会让生气的人更生气。他是一个说服高手,从众多的说服技巧中选择了一种非常神奇的方法。他简单却诚意十足地说:"大卫,我的朋友,我发自内心地向你道歉。"

大卫含糊地回应:"喔!没关系,这不是你的错。"

我不知道为什么这种方法可以造就如此神奇的结果,但自从那次事件后,我运用这个方法不下 10 次,对方也几乎都会一扫怨气。毕竟,没有人会对如此诚恳、如此有诚意的人继续发怒。

下次遇到有人对你生气时,试试这个方法,并说:"我发自内心深处地向你道歉。"利用这种方式,你得以适当地表达歉意,只要让他在这时候感受到你的诚意,就立刻会让你知道他已经接受你的道歉。

假设你和一个重要客户有个约会,你希望他支持一个重要的广告活动。但在还没开展任何说服技巧前,你却迟到 15 分钟。当你赶到时,你紧握客户的双手,直视他的眼睛并说出神奇的一句话:"我从内心深处向您道歉。"接着你将看到一个生气的人怒气渐消。

复述对方的反对理由

对于那些和你意见极度不一致的人,有一个很棒的应对方法,就是再次复述对方反对的理由。假设你专门销售游艺车(recreational vehicle),卖场有一家人正在看样品车,你注意到他们的情绪非常恶劣。那位丈夫拉开厨房的抽屉,一边检查一边挑剔:"这玩意做得真廉价,我自己做都要比它好。"如果你是一位菜鸟销售员,看到这种状况你可能会以为客户在发出拒绝的信号,于是,你认定他们对这款车没兴趣。为了不让潜在客户跑掉,你说:"那我们去看另一款车,我想你会比较喜欢。"

如果你是个稍有经验的销售员,或许你早就听过别的客户抱怨厨具不够精致,你早就准备好了如何应付这个状况。你说:"请不要忽略重量的重要性,如果车上的橱柜用比较重的材料来制作,那会加重整部车的重量,车子就更耗油了。"

然而,你若是一个说服高手,你可能只会简单说一句:"你认为你可以做出更好的橱柜?"这并不是在挖苦人,只是简单复述一次对方反对的原因,这可以帮助你快速弄清楚状况,了解对方到底是真的在意橱柜的品质还是只是不经意地随口说说。

你会发现对方常常只是不经思考地在和你对话,他并不是真的那么在意说出口的问题。当你重申对方反对的理由,像是:"你认为你可以做出更好的橱柜?"他一般会回答:"没错,因为我过去是个木工,而且是手艺很棒。到目前为止,我还没看过谁的木工手艺比我好。"

如此一来,你便发现对方先前的抱怨并不是足以破坏交易的致命伤。你可以顺势将对方反对的原因隔离,你或许可以说:"那么橱柜的木工品质是唯一让你困扰的因素吗?"他回答说:"事实上并不是如此,我觉得这个价钱实在太离谱。"你可以这样回应他:"如果我们将价格调整到你可以接受的范围,你是否可以接受那个橱柜呢?"

对方可能会说:"如果价格真的合理,那我就愿意订一辆。"现在你可以开心地准备接下订单,你最后说:"我们到柜台那边坐下来好好谈谈,看看你我对于价格的认知有多大差距,然后找出双方都可以接受的价位,你说这样行吗?"请注意,在刚才的对话过程中,你完全没有提及对方的恶劣情绪也没有针对其予以回应。你既然不是对方生气的对象,又何必让他的坏心情影响你呢?

表示不赞同的技巧

我们刚刚已经看到如何通过复述对方反对的理由,却不认同他说法的方式来应对生气的人。还有一种效果稍强的方法,那就是表示认识到对方提出的问题,但有技巧地表示不赞同。例如,你可以这么说:"我过去的经验告诉我这种状况不会发生。"这是沟通专家康妮·梅里特(Connie Merritt)教我的绝招。

假设你公司的营销部副总气得对你大呼小叫:"这个促销的口号真是糟透了!乔,如果我们真用这一句话,铁定会成为别人的笑柄。"你很快回答说:"过去的经验告诉我这种状况不会发生。"

"我们不能告诉消费者我们的竞争对手卖的玉米片种类比我们还多,这样消费者就会去买他们的东西了。"

"过去的经验告诉我这种状况不会发生。"

"还有,如果我们真的采用这个口号,消费者投诉的热线一定会应接不暇,结果应付消费者抱怨的成本比卖玉米片带来的收入还多,最后我们一定会破产。"

"过去的经验告诉我这种状况不会发生。"

老板的咆哮终于结束了。

"好吧,既然你拥有这么丰富的经验,为何不直接告诉我你过去有过哪些经验?"

当局势进展到这里,你已经让营销副总处于愿意接受你说服的情境。你是不是觉得这很棒?请注意,当你说出那句话时,你并不想和对方逞凶斗狠,说出这句话的时候请注意语气,保持低调。在还没有将问题处理好前,你绝对没有办法顺利说服生气的人,就像你要重新给围栏上油漆前,必须先刮掉围栏表面的旧油漆。

只需平静

有一些生气的人很难掌控,因为他们常常压抑自己的态度。即使我们只是提出简单的建议,他们也会认为那是一种威胁。假设你负责公司的柜台事务,有一天,区域经理心情恶劣地走进柜台对你发脾气。他嚷嚷着:"哈利,这地方真像遭遇了一场大灾难,赶快将这里清理干净,否则我就换一个可以让这里保持干净的人来取代你的工作。"

如果这个区域经理平常并不是一个爱发飙的人,你就必须格外注意了。如果他本来就是一个爱发脾气的人,你也不要让状况恶化。

"琼斯先生,请不要担心,我会尽快将这里整理好,我立刻就整理。"

成熟的人不会因为别人发脾气,而跟着血压升高,情绪不稳定。在此,我要和你分享一件多年前发生的事情。那时我在加利福尼亚州贝克尔斯菲尔德的一家大型百货公司担任经理。我的目标就是提升业绩,我也非常乐意去做任何可以帮助销售的事情。有一次,我到家用设备部门去,那天是促销活动举行的前一天,我恰巧看到一个名叫吉米·凯法特(Jimmy Kephart)的顶尖销售员正处理促销价格的事情。

吉米面对的是一个门市主管——一个典型的柜台人员。他生气地对吉米说："我无法接受你如此仓促地举办这个促销活动，难道你非要火烧屁股了才告诉我们隔天要办活动吗？"

吉米平静地回答他说："对不起，都是我的错！"此话一说出，吉米立刻将面前的账本移开，表示愿意聆听对方的抱怨。这时候，那个门市主管显出志得意满的表情。在那个门市主管离开办公室后，一直站在旁观看的我想要好好安慰吉米一下，于是我跟他说了一些鼓励的话。

事实证明，我说的话很多余，因为吉米始终保持平静的态度应对愤怒的门市主管，并且挽救他所犯的过失，让促销活动如期举行。吉米爽朗地对我说："人生不如意事十之八九，也正因为如此，我才能每天从挫折中学习。"

我心想："哇！这是多么积极正面的人生态度。"

其实这种处事态度不过是常识，我们何必和一个很快就气消的人一般见识？当我们面对一个发飙的人时，请学着平静面对。

不要加剧冲突

当我们面对生气的人时，千万不要加剧冲突，因为不愿退让产生的紧张场面，有时候会让结局完全不同。没有说服技巧的人丝毫不愿让客户从自己身上取得任何好处，导致和对方起了正面冲突。

同样使人吃惊的是一点点的宽容、忍耐，可以让即便是最棘手的问题迎刃而解。1988年的7月，时任美国司法部长的埃德温·米斯（Edwin Meese）惹了一个麻烦。那时，他正遭受索贿的调查。民主党试图借此让他下台，于是揭发他收受里根政府贿款的行为。尽管如此，埃德温还是没有被起诉，不过民众的抗议给他造成很大的困扰。

那年夏天，在华盛顿最热卖的T恤就是印有埃德温·米斯头像的T恤，上面写着"埃德温·米斯是猪"。有一次，一个到司法部送快递的人就穿着这件T恤，结果警卫告诉他穿这件T恤不能进大楼，因为这是诋毁他们长官的行为。

快递员说："这是美国！我可以穿任何我想穿的衣服。"一气之下，这位快递员天天穿着那件T恤，摆明要和司法部大楼的人对着干。司法部的一名检察官为了讨好上司，对这名快递员提起诉讼，希望可以阻止他再穿这件衣服出现在司法部大楼。

这位快递员前往美国公民自由联盟（American Civil Liberties Union）①申诉，于是协会为他请了一个辩护律师，主张基于自由言论的大前提之下，他根本无罪。埃德温·米斯从晚间新闻得知这件事情，结果他说："我一点都不在乎他穿什么，我有太多更重要的事要担心、要处理。"由于埃德温·米斯对此事件漠不关心，整场风波很快平息，原本会导致埃德温·米斯形象更为恶化的负面事件逐渐平息。最后，检察官选择不受理这个案件，而那位快递员又穿了几次引发事件的T恤后，就再也没有穿过那件衣服了。

在印第安纳州，有一位女士曾经走到一家超市的收银台前，用枪指着柜台人员。她这么做，是希望自己可以被刊登在当地报纸的头版。我想你应该听过类似新闻的结局，就是当地报社拒绝被胁迫，于是持枪歹徒怒气上升开始杀人，因此新闻记者开始去拍摄那个女士持枪挟持的画面。

这时候，报社的编辑说："毫无疑问，我们现在必须报道这位女士持枪抢劫的新闻，甚至她要说什么我们都可以刊登。"于是，报纸头条刊登了这名女歹徒枪杀超市店员的新闻，报道中也转述这个女

---

①美国的大型非营利组织，总部设在纽约市，其目的是为了"捍卫和保护美国宪法与法律中所肯定的个人权利和自由"。该联盟通过诉讼、推动立法以及推行社区教育达到其目标。

罪犯说的一些毫无意义的话。在如愿登上头条后,这名女歹徒丢下枪,非常配合地被押往监狱。整个持枪杀人事件就此落幕。

遇到一个发怒生气的人,该如何回应?其实非常简单,首先思考是否可以忽略这个问题或是单纯地顺从对方的要求。

抓准对方的需求

在说服的第一阶段,就是要建立目标,尤其在面对生气的对手时,了解他们想要什么非常重要。只有生气的人说出想要什么,你才知道自己的说服目标是什么,以及应该如何解决问题。

假设在某个周日的下午,你待在家里休息,悠闲地看着电视转播的网球公开赛,中间插播广告时你就转台,顺便拿起桌上的白葡萄酒来喝。这样悠闲的午后时光是不是很棒?这时候,你听到一部车轰隆轰隆地从远方驶过来,没几分钟你就听到尖锐的刹车声,后院车库的门打开又关上。突然之间,客厅大门猛然一下被打开,你太太走进客厅,并对你大声吼叫:"真可恶,你竟然又这样对我!"你该怎么解释?

如果你说:"我又做了什么?"或是"你到底为什么生气?"那你就错了。在这种情况下,说服高手知道最正确的回应是:"很抱歉让你这么生气,那我怎么做你才会高兴?"你要了解你的太太想要什么,通常来说,她的要求并不过分,而平息战火最好的方式就是顺着她的意思去做。你太太的反应可能是:"我要你向我妈妈道歉!"

然后你对她说:"好!把电话拿给我。"你轻而易举地满足了这个小要求。当你打电话给丈母娘后,下一局的网球赛还没开始呢,甚至你连手上的葡萄酒杯都不用放下。

1. 遇到一个生气的客户，你首先要弄清楚你是对方生气的对象，或者只是被迁怒。

2. 对于那些和你意见极度不一致的人，有一个很棒的应对方法，就是再次复述对方反对的理由。

3. 在还没有将问题处理好前，你绝对没有办法顺利说服生气的人，就像你要重新给围栏上油漆前，必须先刮掉围栏表面的旧油漆。

4. 当我们面对一个发飙的人时，请学着平静面对。

5. 当我们面对生气的人时，千万不要加剧冲突，因为不愿退让产生的紧张场面，有时候会让结局完全不同。

6. 只有生气的人说出想要什么，你才知道自己的说服目标是什么，以及应该如何解决问题。

第 23 章
说服沉默的客户

在本章中,我将教你如何说服沉默的客户。部分客户始终不愿意开口说话,他们对于你提出的建议或提案没有回应,你无法得知他们的意见,也无从判断自己的处境。除了生气的客户外,这些沉默的人就是最具挑战性的客户。

当销售人员无法得知客户心中不愿购买的理由时,也可以用本章的技巧挖出他们的想法。如果你不擅长销售,你会认为销售人员最不想听的就是客户拒绝购买的原因。但事实上,超级销售人员非常喜欢听客户说出反对的理由,因为那些心中还存有顾虑的人最后才有可能购买。只要你能够解决他们的顾虑,他们就会同意你说的其他事。

我在房地产中介行业有丰富的经验。中介人员都知道,如果他们带着潜在客户参观一栋房子,当客户走进房子仔细察看每个房间后说:"你说,这房子是不是很棒?我爱死这个厨房了,从厨房看出去的景色实在太美了。"这就表示这个客户并不会买这个房子。

如果客户说:"这个厨房有点小,我们必须将墙打掉重新设计。这个壁纸实在难看,你说是不是?"会说出这类话的人,才是真正会买这栋房子的人。

在过度发展的房地产市场，如果你遇到一个客户，他从头至尾都没有抱怨价格太离谱时，你心里就有数了。这个客户并不是真想买房子，他可能只是随便看看。

假设我们面对的挑战就是要说服一个始终沉默不语的人，这时就要先弄清楚他为什么沉默。客户不愿意开口有几种原因，如果你随意揣测，却猜错了对方不表态的原因，只会使情况更加恶化。他可能因此彻底封闭沟通渠道或是刻意和你对立，结果你原本只要应对沉默的客户，却演变为应对生气的客户。

客户为什么沉默

接下来，我们来看一下客户不表示意见的几种原因，并找到对应的解决方案。

无法摆脱其他事物的纠缠

客户不愿意表态的第一个原因，可能是无法摆脱其他事物的纠缠。他们有着更令他们分心的事，根本无法专心听你说话。例如，你的客户刚刚得到老板要调他到纽约总部工作的通知，或者是他中了乐透彩，等到下星期一领到钱他就是亿万富翁了，还可能是他的女儿昨晚彻夜未归，或是他的竞争对手升职了，等等。

应对这种局面的唯一方法，就是温和有礼地直面问题。当你和老板开会，他却无法专心思考你的议题时，你或许可以说："乔，到底有什么事在困扰着你呢？有没有我可以帮上忙的地方？"

根据我过去的经验，当你说出这句话后，乔要么开始专心听你的提案，要么就是说："哎！现在真的无法专心听你的提案，我们可不可以下周再来谈这件事？下周一早上 10 点怎么样？"很明显，在下周一的会议上，你说服他的概率会增加。你爽快答应对方改期再谈的要求，对方一定会有些内疚，就像我在本书第 4 章所提到的一样。

不过，不要得意忘形地立刻答应，此时你有一个更好的选择。你可以趁机冒险一搏，或许在短时间内就可以顺利达到目的。你说："乔，我很乐意下周一再和你碰面，但那不是重点。我认为我们需要在西雅图设一个配货中心以应付我们在西北地区的业务，这样一来我们一年就可以省下 320 万美元的运输成本，而现在只是请你同意花 7.5 万美元去研究具体的设点位置。"此时，老板显然无法同时思考两件事情，只要你的提议对他而言并不是太离谱，他就会说："好吧！就照你的意思去做。"

如果他认为你的提案应该审慎思量而不宜草率决定的话，他就会说："你知道这种事情必须仔细讨论，我们下周一再好好谈。"即使老板最终选择了快速结束话题，你也根本没有什么损失，依然掌握有说服他的心理优势。

内　向

有些人不轻易和别人说话，是因为他们天生内向。你越了解客户的个性，就越知道该如何和他互动。如果你不了解客户的个性，又恰巧遇到一个内向的客户时，可能就会出现很尴尬的场面。

我曾经觉得自己的说服对象不是对我有敌意，就是超级冷漠，直到有一次我认识了和一位客户熟识的人之后，他告诉我："喔！那个人非常内向，她遇到陌生人时几乎不说话。只要她了解你之后，就不会这样。她是个很棒的合作对象。"

当遇到陌生的客户时，你必须先了解他是哪种人。你可以试着聊些轻松的话题让对方放松，并借机试探他是否内向。例如，你可以谈一些他办公室墙上的画或是办公室装潢的风格等话题。如果他

很快就打开话匣子,你就知道他不是个内向的人。

和内向的人互动可能要花比较多的时间,才能建立密切的关系,但这时间绝对值得,因为内向的人和他人联结很强,只要你和他顺利地达成联结,后面的一切就会很顺利。

优秀销售员知道如何通过发问来引导内向的人说话,越是懂得发问,销售能力越强。当你问客户问题时就是在销售,当你不再提出问题就意味停止了推销。如果你一直在和客户说话,但当中没有提出问题,你不过是和他开了一场座谈会。

不同的发问方式也会促使客户产生不同的回应。你必须用开放式问题来问他们,绝不要问那种只需回答"是"或"不是"的封闭式问题。试着和你的朋友玩这个游戏:你问对方一连串包含"什么""在哪里""什么时候""怎么发生""为什么"或"谁"等字词的问题,看看他是否可以用"是"或"不是"来回答你的问题。

让我来举个例子,看你是否可以用"是"或"不是"回答以下任何一个问题:

1. 哪个国家举办了1996年的奥林匹克运动会?
2. 1998年的冬奥会在哪里举行?
3. 芬兰的赫尔辛基什么时候举办过奥林匹克运动会?
4. 国家广播公司为了转播奥运会,共付了多少钱给悉尼奥委会?
5. 为什么国家广播公司要付那么多钱?
6. 国家广播公司当时的总裁是谁?

是不是不可能用"是"或"不是"来回答以上问题?上述问题包含了"哪个""在哪里""什么时候""为什么"或"谁"等词,若要回答这种问题,人们必须给出解释。

如果一个内向的人被问了开放式问题,他可能会用很少的话语来回答,但无论如何,他都被迫思考这些问题,你就可以慢慢地引导他打破沉默。

冷　淡

有些人不愿意发表意见,是因为他们根本不关心你提出的议题。背后的原因多种多样:接到了上司将他调到德州的指令,促使他想要离职;他这一生唯一的真爱和一个跳探戈舞的男人私奔了;他花了6个月精心准备的报告在董事会上受到了嘲讽;他即将被提拔为公司副总裁。

你必须忍受对方漠不关心的态度,直到你能将他们从另一个世界拉回来。在那之前,不要和他谈论公事,不妨聊聊冬天积雪盖顶的山景、春天盎然的草原、海边孩童的嬉笑景象或是其他有趣的话题,比如赤脚在沙滩上漫步。总之,先谈一些无关紧要的话题,直到你发现对方慢慢回神,再将话题转回公事,这时你提出的建议更有可能获得对方青睐。

生　气

可能是你做了一些让别人无法忍受的事,所以他们对你感到气愤,不愿意和你说话。除了生气外,对方还要让你知道他们的感受,所以选择以沉默不语的方式对待你。

你是不是对自己的过错感到懊悔,对生气的人来说意义并不大。对方生你气的原因可能是他手下的一名高管即将离职到你的公司上班,而他一口咬定就是你到他公司挖了墙脚;或是你不但和他的竞争对手交易,还给了他们同样低廉的优惠价格,使得竞争对手得以打出超低特价的广告吸引消费者。如果发生的是这类事,生气的人通常不会将不满表达出来，顶多是将气闷在心里罢了。

不管怎样，你都必须将客户心中的那股怒气驱逐。你必须将对方心中压抑的怒气释放出来，而处理这种状况的方法就是：说出自己的秘密、妥协，以及请求对方帮忙。

当里根政府的成员将武器卖给伊朗，并将所得拿去赞助尼加拉瓜反对党时，为了减少这件丑闻的伤害，里根总统当时应该在电视媒体上公开发表声明："我不应该对你们说这些话，但是我真的很在意你们的知情权，这甚至比替国家安全委员会保守秘密更重要。我们的确犯了一个大错，我们不该做那样的事情，我保证这种事绝不会再发生。或许我的要求有些过分，但我希望你们能够相信我。我保证绝不会再犯同样的错。"

如果他那时候这样做了，也许可以省下5000万美元，也就是参议院调查这次事件的费用，同时他也可以让他的行政体系在一年内重回正轨。

你必须做的就是让生气的人摆脱气愤的情绪。如果你觉得达到这个目的要花很长时间，也未必会有更好的成效时，你可以尝试采取幽默的方式。我曾经因为某个广播电台犯了一个错误而决定取消在这个电台的广告。我现在已经忘记他们犯了什么错，但我记得当时电台的销售经理给我打了电话。我虽然愿意接他的电话，却决心不再买他们的广告时段。

他对我说："罗杰，你说你未来一年都不会在我们这投放广告了。我承认我们的确做错事了，但现在我必须用一年的时间来赎罪，承认抢劫罪的凶手不过被判刑9个月啊！"

听他这么说，我不禁笑了出来，并且也同意他的说法。或许我对他们的处罚过于严厉，于是我和他重修旧好，并且继续向这家电台购买广告时段。

还在评估中

保持沉默的人中，有一种属于"评估者"。他们不会轻易下判断，因为他们在最终决定前需要缜密思考。要识别评估者并不困难，他们平常的态度通常比较开放，也比较容易进行互动与对话，但现在突然对你保持缄默。我所指的并不是会计师或工程师那样的"分析者"，因为分析者的特性原本就难以下判断。我所说的"评估者"是跟一般人一样，对某些事情有所疑虑。飞行员在还没有执行完所有检查前，绝不会启动飞机引擎，而评估者的脑海中也有一长串评估项目，像是：

1. 如果我这样做，谁会批评我？
2. 这价格是我可以得到的最好价格吗？
3. 还有什么人应该参与决策？
4. 对我来说，这真是最好的产品吗？

如果评估者脑中的检查项目达到及格或高分成绩，那你应该可以顺利地说服他。请保持安静！千万不要一直和他说话，干扰他的思绪只会让他没有办法好好评估。

当他在评估过程中提出一些疑问，你回答后立刻闭嘴。销售员将这种方式称为"沉默成交法"，例如提出提案后就要立刻闭嘴，因为这时候先说话的人就失去了优势。我曾经目睹两个销售员互相使出"沉默成交法"，当时我们3个人一同坐在会议室开会，其中一个销售员向另一个销售员提案，报告完后他立刻沉默，接受提案的销售员知道提案者在玩"沉默成交法"的技巧，于是他决定给那个销售员上一堂课，因此他也不说话。

他们两个人都坐在那里，四目相望却不发一语，彼此都在等待对方先出声。我不知道这个状况将如何解决,时间就这样过了 5 分钟,但我却感觉像是过了半小时之久。最后终于等到打破沉默的一刻!接受提案的销售员故意将纸上的字写成:"决定子吗?"然后他把纸条传给了提案的销售员。

提案的销售员发现错字,因而无法继续保持沉默,他说:"你写错字了,应该是'决定了吗?'"既然已经开口了,他就无法再回到沉默状态,于是他继续说道:"如果你不愿意接受我刚才的提案,那我只好……"

对方还没说出是否要接受他的建议前,他就先针对自己的提案讨价还价起来。

当评估者开始说话后,这并不是坏事,而表示他已经等到可以得到好交易的时机,因此他说:"好吧,就照你后来的意思执行,现在让我们将这个协议写成书面合约吧。"

吝啬

有一种人非常吝啬,当他们想到可能要花钱时,就会不自觉紧张。辨别这种人很容易,因为他们在一般状况下都可以侃侃而谈。不过当你谈及价格时,他们就开始沉默不语。不要被这种人给骗了,他们可不是因为经济拮据才如此吝啬。通常这种人很有钱,只不过很小气。你很难想象,有一些超级富有的人在用钱方面小气得就像体型庞大的摔跤手身上只穿一件比基尼一样。

你相信有些有钱人在餐厅用餐只点一些基本价位的菜吗?我知道这让人难以置信,不过有钱人并不是都很慷慨,有些人就是会这样。他们看了看菜单,然后对自己说:"我很想吃全蛋套餐,但是一盘要 8.95 美元,我还是不要那么奢侈,不如就点一个荷包蛋加熏肉好了,因为这样只要花 6.95 美元。"

如果你在观察到吝啬的客户已经开始因为价格而焦躁不安后主动减价的话，这将会给你带来非常危险的后果。假如你判断他们非常在意花钱，请注意，这种人更害怕你是否会骗他，突如其来的降价会让他们感到更紧张，并且担心你会骗他。取而代之的方式是强化交易可以带给他的好处，告诉他们这笔投资将给他们带来什么好处。最重要的是，和这类人交易时一定要将所有的协议事项白纸黑字写下来。这样可以让他们比较放心。

时间压力

有些人不开口说话是由于"时间压力"，这类人是精准的时间管理者。他们会将一整天的时间以 5 分钟为单位来规划。他们没有时间和同事闲聊，所有的时间都被工作填满。和这种人开会时千万不要迟到，因为你一迟到就会打乱他的安排。而且，为了配合他的时间表，当你打电话和他约定开会时间时，也要用他的方式对话："这个会议将耗时 30 分钟，你什么时候比较方便？周一上午 10 点到 10 点半，还是 11 点到 11 点半？"

当你依照时间出现时，请在会议开始前再次向对方确认时间："你现在有 30 分钟可以专心讨论这个议题，对不对？我可以将门关上吗？"

有时候，就算不是一个严格的时间管理者也会对你沉默不语，这可能是因为他的工作进度严重落后。如果你和一个人约定的时间在午餐或晚餐前，请格外小心谨慎。很多人会避免星期五开会，而我从来也不会梦想卖东西给隔天就要休假去旅行的人。

请注意，时间压力有时候也是一种助力。人们在时间压力下会变得比较有弹性。我曾经在星期五下午很顺利地向银行贷了一大笔款项。那个银行职员有个习惯，就是希望在周末前将工作全部做完，不愿意留一些小问题牵绊着他。

你到底要避免时间压力，还是试着将时间压力转化成助力，要视具体情况而定。如果你要求的事物在对方可以接受的合理范畴内，那就请你利用时间压力；如果你的要求超过他们可接受的范围，并且需要花比较多的时间去说服时，你最好将会议安排在对方时间充裕的时候。

恐 惧

最后一种不说话的原因是"恐惧"。有些人在恐惧时可以畅所欲言，但多数人会沉默不语。当客户担心你将获得交易的优势时，你可以感受到气氛开始紧张，对方的瞳孔开始缩小，肢体语言也呈现退缩的感觉，例如双手交叉叠放在胸前。

此时，你要尽快向对方确认你的态度，说出你的承诺以及将事先准备好的证明给他看。你刚才可能因为太抢风头或坚持己见，造成了他的退缩，因此，你必须缓和一下气氛，直到对方放松后再继续。

正如前面所说，要让这类人打破沉默的方法就是问他们一些开放式问题。这不仅可以让他们更愿意说话，还可以了解他们不说话的真正原因，那时你才可以对症下药。

1. 内向。和内向的人互动可能要花比较多的时间,才能建立密切的关系,但这时间绝对值得,因为内向的人和他人联结很强,只要你和他顺利地达成联结,后面的一切就会很顺利。

2. 冷淡。有些人不愿意发表意见,是因为他们根本不关心你提出的议题。他们可能刚刚遭逢剧变因而感到沮丧。请先谈一些美好的话题,一直到你发现对方慢慢回神,再将话锋转回公事。

3. 生气。你必须将客户心中的那股怒气驱逐。你必须将对方心中压抑的怒气释放出来,而处理这种状况的方法就是:说出自己的秘密、妥协,以及请求对方帮忙。

4. 还在评估中。保持沉默的人中,有一种属于"评估者"。他们不会轻易下判断,因为他们在最终决定前需要缜密思考。

5. 吝啬。对于这种人,你不要随意降价,而需要不断强调他的投资能够带来的好处和回报。

6. 时间压力。你到底要避免时间压力,还是试着将时间压力转化成助力,要视具体情况而定。

| 第 24 章 |

从说服者到领导者

本章我想将焦点集中在销售经理的说服能力上。一个具有超强说服能力的销售经理,可以成功带领他的团队迈向巅峰;相反,一个不懂说服的领导者,有可能会摧毁一个强大的业务团队。

建立伟大的领导风范是世界上最好的说服技巧,诺曼·施瓦茨科普夫(Norman Schwarzkopf)[①] 将军、英国前首相温斯顿·丘吉尔、微软集团的比尔·盖茨(Bill Gates),以及通用公司前总裁杰克·韦尔奇(Jack Welch)等都是非常好的范例。这些领袖人物是如何运用说服技巧,使得他们的士兵、民众、员工愿意跟随他们的脚步呢?你又该如何利用说服技巧,让自己成为世界级的领导者?

诚心支持员工

我深信销售经理的信条具有超强无比的威力。如果可以完全实践销售经理的信条,你一定可以迈向成功之途。我所信奉的销售经理的信念就是:诚心支持员工。

我关心手下的销售员是否可以取得成功胜过关心我自己的前途,

[①] 美国前陆军上将,海湾战争多国部队总司令。

不过我更关心整个组织是否可以实现目标而非其他人的个人目标。任何一个组织可以获得胜利，都是因为该组织由3个因素组成：目标、领导者、销售人员。当这3个因素处于均衡的状态，整个组织才能发挥最大效力。

这3个因素中最重要的就是目标。我惊讶很多公司没有制定明确的目标。这些公司里宝贵的人才毫无组织、毫无目标地运作，就像一只多头的怪兽一样，朝着各自的方向前进。你还记得小时候玩过的游戏吗？你在一张纸上散落一大堆回形针，它们一开始都朝着不同的方向，但当你将一块磁铁靠近这堆回形针时，回形针井然有序地被磁铁吸住，而且都朝向同一个方向。目标对一个业务团队的意义就像磁铁对回形针一样，可以带领组织朝着一致的方向前进。

建立目标

如果你雇用我到贵公司担任顾问工作，我会做的第一件事就是坐下来和你谈谈，了解你们的目标是什么。也许你告诉了我所有必须知道的事情，唯独没说出公司的目标。这时我会直接告诉你贵公司出现了重大问题，因为你们竟然没有目标！如果你说出公司的目标是什么，我也可以告诉你贵公司哪里出了问题。从你所陈述的目标中，我就可以看出端倪，虽然为了小心求证，我可能会花很多时间去搜集资料，但根据我过去的经验，从一个公司的目标中判断一个公司的问题并不是难事。

哈罗德·杰宁是美国企业界的传奇人物。在他掌管美国国际电话与电报公司的18年时间里，该公司的营业收入从7.5亿美元提高到167亿美元，净利润也提高至5.62亿美元。更厉害的是，杰宁同时在80个国家掌管350种不同行业的生意。如果说这个人懂一些领

导企业的绝招,应该不算夸张吧!

杰宁曾说过,经营一家公司就像读一本书,却不是从头读到尾,而从结尾回推到起点。

首先,挑选你的销售团队成员,了解公司所处的位置,以及怎么做才是好的开始。当然,最重要的是结果,也就是你们想要达到的目标。

成功建立目标是成为优秀销售经理的关键。如果我是贵公司的顾问,我一定会先坐下来和你讨论公司的目标。一般而言,制定目标前应该先思考以下 4 个要素。

第一,5 年后你的组织想得到什么?

有时候,你的决定是否准确并不是重要,只要你的目标明确,任何不偏离方向的决定都可以产生极大能量。

你是否曾经经历过人生低潮期,无法决定下一步该往哪走?如果是的话,你应该可以明白我的意思。当你处于低潮时,花越多时间去思考所谓的人生方向或重大决定,等你决定好后,付诸实现的力量就越微弱。倘若你不假思索立即选定方向,不管是什么方向,你都会爆发出强大的冲劲。很快,你就觉得好多了,也可以更加专注于目标。

第二,你的目标是否可以用一段简短而明确的话描述?

这是一句定义清楚的陈述:5 年内,在计算机市场实现 60% 的市场占有率,毛利率达到 32%。这个目标非常清楚,也很具体,同时指明了时间期限。

一个具体的目标陈述有助于集中所有人的焦点。在 20 世纪 80 年代,联合航空的业务五花八门,旗下公司横跨旅游、租车及酒店业,除联合航空外还包括赫兹租车以及威斯汀酒店集团(Westin Hotels),这种情况粉碎了联合航空公司员工既有的向心力。在花费大量资金涉足其他领域的同时，航空公司的员工惨遭降薪，士气低落。空中服务员集体抗议要求保持和过去相同水准的薪资。联合航空的员工和公司发生了严重的冲突，连续好几个月员工对公司抱怨不断。事件演变到最后，连股东都开始表示反对，决定辞退公司总裁，并声明取消该总裁提出的旅游事业计划，让公司重回一致的目标。

第三，一个高中生可以理解那段目标描述吗？

请记住，你必须说服团队的成员追随你朝着目标前进，如同来自巴勒斯坦加利利的木匠所说："用每个人都能理解的话来说。"当耶稣告诉彼得和赛门："来跟从我！我要叫你们得人如得鱼一样。"另一个简单易懂的句子是："如果一个人拥有了全世界，却失去自己的灵魂，那对他来说又有什么意义？"感谢上帝！耶稣并没有哈佛大学的MBA学位！幸亏他的遣词造句总是平实、贴切，否则，布道者恐怕花10年时间都讲不完原本花一年时间就可以讲完的《圣经》。

第四，这个目标是否可以让团队的成员信服？

当汽车巨人李·艾柯卡（Lee Iacocca）在陈述为了拯救克莱斯勒公司而制定目标时，他并没有说克莱斯勒的销售量将超越通用汽车，也不敢说它的利润将超越通用汽车，因为他知道，如果说出这么不切实际的话，几乎所有员工都会很快否决他夸张的目标。

于是，艾柯卡简单地说："我们将制造出全美国最棒的车。"这是值得重视的观点与目标，就算再悲观的员工也会相信这个目标可以实现。同样，这句话也够清楚明白，公司从上到下都能理解它的含意。

推销目标

假如你已经制定了一个清楚而且易于理解的目标，下一步就是要了解团队中的成员是否真正理解它的含义。很多管理者都容易犯这样的错误，就是认为手下的销售员经验不够丰富，还不能参与制定公司的目标；或是认为他们都很自私，只关心自己的业绩而不关心公司前景。

这些管理者将公司的目标视为高层主管的事。在他们眼中，销售员只负责执行。可是我相信，所有的销售员都可以了解经过深思熟虑后给出的目标陈述。

只要你的目标明确，让大家知道公司正朝这个目标前进并不是一件很困难的事。曾经有一个酒店的服务员告诉我："如果您有任何需要，请打电话找我。酒店的目标是成为这个城市里入住率最高的酒店，而我们唯一可以做的事就是让您感到愉快。"

一名房地产中介公司的秘书说："我们工作认真、努力，我们的目标就是成为销售额第一的房地产中介公司。"一位汽车经销公司的客服经理说："我们很高兴为您服务，我们上个月卖出的小货车比其他福特经销商都要多。我们计划在今年要保持这个好成绩。我们非常需要您的支持，请告诉您的朋友我们有多好。"目前而言，能做到像上面这种程度的公司并不多。

在让团队成员知道共同的目标后，你必须利用学到的技巧说服所有销售员，让他们相信团队能够完成这个目标。我们在本书中所提及的说服技巧都将派上用场。

第一招就是展现始终一致的执行力。领导者以身作则，带领团队朝着目标前进。至于一致性的效果，我们在第9章已经有过很多探讨。

我们都钦佩意志坚强的领导者，因为他们具备坚持理念的勇气与毅力。然而，我们却常以错误理由去美化这种意志坚定的人。我们尊敬杜鲁门总统，因为他将他心中的坚定信念投射出来，作为处事的准则。我们喜爱杰克·韦尔奇，难道是因为他很顽固且争强好斗吗？不是。我们喜爱他是因为他从不会对自己的信念摇摆不定。

我们尊敬他坚定不移的态度，而非好斗的个性。

大多数美国人并不相信里根总统做的很多事情，但是他展现出的一致性，让我们情不自禁地支持他、拥护他。

建立信任

对于销售经理来说，另一个重要的说服技巧就是建立信任。在第3章我已经提到，建立信任的第一准则就是：对方相信你多少，就告诉他多少。我希望你制定目标时已经考虑到这一点。如果你质疑目标描述不能让所有销售员都清楚理解，那么就试着将内容简化。在向大家宣告前，你可以先找周边朋友或同事做试验，看看他们对你给出的目标陈述作何反应。一个好的目标陈述除了清晰明确外，最好还要有启示作用。不过，最重要的还是绝不能丧失你的可信度，也就是不能让你的团队成员说："不可能，这绝不可能。"

我们也谈到了用精确数字来彰显可信度。象牙香皂在广告上宣称"99.44%的纯净"，这样的表述听上去非常可信。倘若广告告诉我们象牙香皂是百分之百纯净，我们可能就不会那么相信。这也是为什么雀巢咖啡要推出一种"99.7%不含咖啡因"的产品。如果你的目标是提高20%的生产率，不妨宣称你旨在提高20.6%的生产率，因为20.6%这个数字看起来像是经过深思熟虑、认真分析得出的精确数字。

接下来我们要讨论的议题，是要将你可获得的利益轻描淡写。李·艾柯卡非常擅长处理这个问题，他当时会接受以1美元年薪到新公司工作，是因为除了薪水之外，他还拥有丰厚的认股权。对他来说，接受1美元年薪并不算是很大妥协，但他懂得如何利用这一点做文章，营造良好的形象。后来，当他的年薪升至2000万美元时，他就说这是在弥补之前的牺牲。

请不要忽略印刷品的力量。人们对白纸黑字的相信程度，远远比只听到别人说同样的话高！将你的目标写成海报张贴在办公室里，这样会让人加倍相信目标的可实现性。

当你朝着目标前进时，要尽力获得核心骨干的支持，并在公司的简报上稍作宣传。请注意一点，有些人在听到你的目标后，可能只是耸耸肩不做任何表示，那意味着他们并不是那么关心这件事，他们对于你的工作来说可能也不是很重要。说服高手知道，他们应该找的支持对象是可以产生"如果他们做到，我也能做到"这种效果的人，因为激励员工士气非常重要。

如果你初到一家公司，建立信任就更为重要。过去 20 年来，我不断将这个建议提供给一些新上任的主管：不要新官上任三把火，尤其不要在新上任第一个月，搞得鸡飞狗跳。除非你被委托去抢救一家即将倒闭的公司，否则，最好先保持低调。相信我，在新公司上班，你很难在一开始就有何卓越表现，却很容易损害自己的可信度。

你最好待在自己的办公室，装成无所事事的样子。先让你的销售员习惯你这个新上司，30 天后他们就会忘记之前的上司，这时候你就可以开始有所作为了。你也许希望你的顶头上司知道你很投入工作，且公务颇为繁忙，因为这样一来他们就不会质疑你到底在做什么。

事实上，这一个月不会白白浪费，你可以趁这个时间去认识、了解你的员工。请重新阅读本书第 20 章，了解记名字的重要性，并试试看你可以记住多少员工的姓名。你可以像个主管一样（本来就是主管）在办公室巡视，借机认识每个人。你也可以和各个部门开会，但要多听少说。此时，倾听别人的意见才是你的首要目标。

当你和员工一起开会时，试试这种方式："我刚到这个公司，对于公司还不是那么了解，所以我现在可能没有办法帮你们解决大问题，但一些小事情我还可以帮得上忙。你们任何人有什么小问题需要我协助的话，请不要客气！"你将发现员工开始认真对待你。你可能会听到有人对你说："我有问题想要问大家，所以我希望电子邮件可以一次发给所有销售员，你知道该怎么设定吗？"或是："为什么我的费用申请已经过了两个星期还没批准？"

虽然都不是什么大事，但这些小事是你在员工心中建立起信任的机会。你不需要操之过急，但要注意员工可能会趁机拿过去主管不愿意答应的事来要求你。如果以前的主管基于正确的理由拒绝了他们，你也没有道理接受。

上任的第一个月非常关键，无论大事小事，你必须说到做到，不能言而无信，否则你的形象将一落千丈。这时候你的身边最好有值得信赖的亲信，而亲信的责任是当你可能犯错或遭遇麻烦前提醒你。

请你注意一点，如果你是新人，你可能不如自己想象来得出名。你的顶头上司们可能更了解你，因为他们知道你过去在俄亥俄州辛辛那提市取得的成就，所以才会高薪挖你过来，但是你手下的员工知道吗？

迈克尔·克莱顿（Michael Crichton）是一名相当杰出的作家，他作品包括《天外来菌》(*The Andromeda Strain*)、《侏罗纪公园》(*Jurassic Park*)、《深海圆疑》(*Sphere*) 等。在《游记》(*Travels*) 一书中，他写的就是他自己的故事。他还亲自担任导演并将这个故事搬上银幕，在美国上映后颇受好评。20 世纪 70 年代，他受聘担任由肖恩·康纳利（Sean Connery）主演的电影《火车大劫案》(*The Great Train Robbery*) 的导演。这部电影在爱尔兰拍摄。他在抵达拍片现场没多久就感到很灰心，因为他过去从没有和一大群英国人工作过。只要他说出一个想法，他们就会转移话题，而不是专注于讨论他的意见或提出他们的建议。

为了了解英国人的特性，他还刻意多花时间和大家相处，但情况似乎没有好转。有一次，他的助理若无其事地说："我想大伙都想看看你过去的作品。"但是迈克尔却没携带任何作品在身边。过了几天后，他和剧组工作人员之间的鸿沟越来越大，这时他的助理又提醒他说："我想我们大家都想看看你以前拍的作品。"这回，迈克尔认真考虑了一下，但他还是没有采取行动。当时，他导的戏只在美国上映，在异地实在很难拿到拷贝。

最后，他的助理非常严肃地跟他说："我坚信，如果大家有机会看你以前的作品，糟糕的状况将会好转。"突然间，迈克尔终于明白助理一直试着提醒他，只不过用语实在太婉转：剧组人员只知道他是位作家，而不相信迈克尔的执导能力。迈克尔打电话到好莱坞要求片商空运一份拷贝给他。当他收到后，立刻播放给工作人员看。隔天，他和工作人员间的矛盾全部消失了。大家都很喜欢他的作品，也不再质疑他的决定。他获得了大家的尊敬，重新建立起作为导演的可信度。

请确认大家是不是在讨论你的背景和经历，但你不能自己开启话题，那样会显得你过于自负。无论如何，你的公司应该巧妙地将你的经历告诉其他人，或者你精明的秘书也会将你的背景刊载在公司简报上。

保持一致性

接下来要谈一个非常关键的技巧，即你的领导能力是否可以保持一致性。员工所认知的目标是否保持一致性？他们所了解的你是否具有一致性？当人们发觉你的态度犹豫不决时，谣言就会四处传播。假若你的目标未能达成，你的日子将会很难过。顶尖领导者成功的关键在于他们的行为绝对会和他人认知中的印象保持一致。

身为领导者的你，勾勒出有价值的行动蓝图是成功的必备条件。

蓝图一旦勾勒出来后，它就是成为你日后所有行动的标准。如果你作出违背目标的决策，将会有损你的威信。你的销售员在意你是否遵行自己的主张，胜过在意你宣称可以做什么。当他们发现你在依照自己的信念行事时，他们会比较有安全感。他们知道你是一个沉稳的领导人，你的行为不会飘忽不定。

目标第一

接下来，你必须说服销售员，完成团队目标比个人成功更重要，包括你自己的成功。这是顶尖领导和一般领导者的最大差异。要做到这一点需要很厉害的说服技巧，但无论如何还是可以做到。只要你能说服大家接受这个观点，团队成员都会抛开个人利益，以团队目标优先，并以团体的成功为傲。

要诠释这个观点最好的例子就是登山运动。在年轻的时候我就爱上了登山。有一次，在华盛顿州雷尼尔山（Mount Rainier）海拔13 000英尺的地方，我偶遇了菲尔·厄施勒（Phil Ershler）。他攀登雷尼尔山超过200次，是当时世界上攀登雷尼尔山次数最多的人。菲尔在登山历史上留下了显赫的记录，因为他是1984年攀登世界最高峰——珠穆朗玛峰的成员之一。

他跟我说起了他们登山的过程。当年，他们计划从北边的中国登上珠穆朗玛峰，而不走尼泊尔的路线。在他们要挑战的路线上，有16个人曾获得过成功，但也有10个人在这条攀登路线上丧生。

他们的领队是卢·惠特克（Lou Whittaker），是第一个登上珠穆朗玛峰顶峰的美国人吉姆（Jim）的弟弟。和他们一起冲顶的成员还包括卢的儿子彼得（Peter），他也是一个杰出的登山专家。卢一直希望他儿子可以登上珠穆朗玛峰，但其他队员非常认可卢的领导能力，

相信卢绝不会偏袒自己的儿子。

他们两年前就开始规划这次登山，但过程异常不顺利，两名成员各自因为意外而身亡。在起程后，登山队也遭遇了各种困境。先是恶劣的天气困住了他们好几星期；后来，彼得的护目镜竟然不见了，他只好放弃冲顶，并冒着罹患雪盲症的危险返回基地。彼得也不愿意队友协助他返回到基地，因为大家都必须将补给和装备扛上山去。彼得一个人在半盲的状态下返回了基地，之后他花了一个星期才恢复视力。

当补给品几乎要消耗殆尽时，他们必须进行最后的奋战。他们最后决定由队伍里的3名成员——菲尔·厄施勒、约翰·罗斯克利（John Roskelley）、吉姆·威克怀尔（Jim Wickwire）继续完成登上世界最高峰的使命。在冲顶前一天，恶劣天气使他们必须在山头露宿一晚。厄施勒和威克怀尔都戴上了氧气罩，但罗斯克利认为不应该使用氧气罩。他的原则就是登山不应借助氧气设备。无论如何，最后只剩下一罐氧气。威克怀尔认为厄施勒的状态比较好，于是要他拿走最后一罐氧气跟着罗斯克利登顶。

两个人朝着山顶走了大约1000英尺后，罗斯克利就无法再往前走一步了。由于缺氧，他的身体开始由内而外地发冷，但他不愿厄施勒留下来照顾自己，坚持要他继续往前走。他们俩无法和基地取得联络，但在1英里外的摄影师史蒂夫·马茨（Steve Marts）通过远距镜头发现这两人分开了。厄施勒一个人继续冲顶。

即便拥有氧气，在那么高的海拔行走也非常艰辛，每跨出一小步都需要花很大力气。除了行走困难外，这时候厄施勒还必须分外专心，因为在高地很容易让人产生幻觉。

过了一小时后，厄施勒终于爬上了位于中国和尼泊尔交界的山顶。看着脚下的宏伟景色以及蔚蓝的天空，他不禁展开双臂大声呼喊："我们办到了！"马茨从无线电中听到厄施勒的欢呼声，重播给了基地里的其他成员听。虽然大家并没有亲眼目睹厄施勒成功攀顶的那一刻，但还是忍不住激昂的情绪，一起高呼："我们办到了！"

在这个故事中，领队卢·惠特克并没有成功登上顶峰，他的儿子也没有。除了菲尔·厄施勒外，其他成员都没有顺利登顶，但他们都不引以为意。他们都认为菲尔·厄施勒的成功就是整个团队的成功。他们欢呼的口号并不是"菲尔·厄施勒办到了！"而是"我们办到了！"当厄施勒告诉我这个故事时，他也没有说："我登上了珠穆朗玛峰。"而是说："我们登上了珠穆朗玛峰。"

卢·惠特克展现出了非常出色的领导风范，我们从中可以得到领导能力的两个关键要素：.

1. 在谁可以登上顶峰这个问题上，卢·惠特克将儿子和个人目标摆在团队目标之后，这是领导者能力的第一部分。
2. 成功说服队员，让他们接受团队目标比个人目标更重要，这是领导者能力的第二部分。

有很多例子可以说明"目标第一"的重要性。从摩西领导以色列人出埃及的故事，我们也可以知道团体目标的重要性，远胜于领导者或追随者的个人目标。摩西的目标很清楚,就是带领大家到迦南。不过，在领导大家前进时，摩西遇到了一个很难解决的问题，就是他的追随者都清楚摩西也不知道迦南到底在哪。摩西最后得以说服追随者继续前进，大部分是依靠他勾勒出目的地景象的能力。

无论如何，他们最后顺利实现目标，抵达迦南。摩西因为实现目标而获得更高的评价，这远比他自己或其他成员的个人目标更加重要。

1. 一个具有超强说服能力的销售经理，可以成功带领他的团队迈向巅峰；相反，一个不懂说服的领导者，有可能会摧毁一个强大的业务团队。

2. 任何一个组织可以获得胜利，都是因为该组织由 3 个因素组成：目标、领导者、销售人员。当这 3 个因素处于均衡的状态，整个组织才能发挥最大效力。

3. 你的目标应该包含 4 点：

    A. 5 年后你的组织想得到什么？

    B. 你的目标是否可以用一段简短而明确的话描述？

    C. 一个高中生可以理解那段目标描述吗？

    D. 这个目标是否可以让团队的成员信服？

4. 只要你的目标明确，让大家知道公司正朝这个目标前进并不是一件很困难的事。

5. 身为领导者的你，勾勒出有价值的行动蓝图是成功的必备条件。蓝图一旦勾勒出来后，它就成为你日后所有行动的标准。如果你做出违背目标的决策，这将会有损你的威信。